왜 상처받은 기억은
사라지지 않을까

불편한 기억 뒤에 숨겨진 진짜 나를 만나다

왜 상처받은 기억은
사라지지 않을까

초판 1쇄 인쇄 2022년 2월 15일
초판 1쇄 발행 2022년 2월 25일
지은이 강현식(누다심)
펴낸이 홍석
이사 홍성우
인문편집팀장 박월
편집 박주혜
디자인 김희연
마케팅 이송희·한유리·이민재
관리 최우리·김정선·정원경·홍보람·조영행
펴낸곳 도서출판 풀빛
등록 1979년 3월 6일 제2021-000055호
주소 07547 서울특별시 강서구 양천로 583 우림블루나인 A동 21층 2110호
전화 02-363-5995(영업), 02-364-0844(편집)
팩스 070-4275-0445
홈페이지 www.pulbit.co.kr
전자우편 inmun@pulbit.co.kr
ISBN 979-11-6172-833-9 03180

왜 상처받은 기억은
사라지지 않을까

강현식(누다심) 지음

불편한 기억 뒤에 숨겨진 진짜 나를 만나다

풀빛

누구나 잊히지 않는
힘든 기억 하나쯤은 갖고 있다

상담실 문을 두드리는 사람들은 저에게 이런 말을 합니다.

"제발 그 일이 생각나지 않았으면 좋겠어요."
"어떻게 해야 기억을 지울 수 있죠?"
"그 생각이 머릿속에서 떠나지 않아 너무 힘들어요."

과거 경험에 대한 기억 때문에, 그 기억과 관련된 온갖 생각 때문에 힘들다면서 저에게 기억을 지울 수 있는 방법을 알려달라고 합니다. 그러나 저에게는 기억의 지우개가 없습니다. 있다면 저 역시 과거 힘들었던 기억을 지우고 싶어요. 제 기억을 다 지우고도 지우개가 다 닳지 않으면 누구에게라도 빌려드리고 싶습니다.

제가 드릴 수 있는 건 기억을 지울 수 있는 방법이 아닙니다. 그것

말고, 힘들었던 기억에 맞서서 압도되지 않으며 더 나아가 그 기억과 함께 살아갈 수 있는 방법을 알려드릴 수는 있습니다. 기억에 맞서서 압도되지 않고 함께 살아갈 수 있는 방법이라니, 좀 놀랍고 당황스러우신가요? 혹시 제겐 그런 끔찍했던 경험이 없고, 그런 기억 때문에 힘들어한 적이 없어서 그리 쉽게 말한다고 이야기하고 싶으신가요? 그렇게 생각하실 수도 있겠네요. 사실, 저는 군대에서 2년 동안 성추행을 당했습니다. 지금도 생각하면 너무 고통스럽고 구역질이 납니다. 지금은 그러지 않지만, 아주 오랜 시간 동안 제 자신을 혐오하고 비난했었죠. 물론 지금도 그때를 생각하면 생생하게 떠올라서 괴롭습니다. 지금 이 글을 쓰는 순간에도 말이죠. 그래도 다행히 그 기억에 맞서서 압도되지 않고 살아갈 수 있는 방법을 발견했지만, 이 상태에 도달하기까지 참 많이 힘들었습니다.

군에서 제대하고 몇 개월 후부터 저는 그 사건에 대한 기억으로 고통받기 시작했습니다. 온갖 복수할 방법을 생각해보기도 했죠. 그러나 그 기억과 그때의 감정이 떠오를수록 제 삶은 더욱 무너졌습니다. 그래서 기억을 잊기 위해 정말 많이 노력했습니다. 모두 허사였죠. 몇 년 후 심리학 공부를 시작하게 되면서 혹시나 하는 희망을 가졌습니다. 더욱 본격적으로 찾아보기 시작했죠. 기억을 어떻게 하면 지울 수 있는지. 교수님과 선배들에게 묻기도 했고, 관련 연구와 논문, 그리고 참 다양한 서적을 많이 찾아보았습니다. 그렇게 수년간의 노력 끝에 깨닫게 된 사실은 신경인지장애라고 하는 소위 치매에 걸리거나 외상으로 인한 뇌 손상을 겪지 않는 이상, 기억은 지울 수 없다는 것입니다.

그러면 어떻게 해야 할까요? 거의 모든 심리학자들은 같은 이야기를 하고 있었습니다. 기억에 맞서서 압도되지 않고, 그 기억과 함께 살아가라고. 그러나 구체적인 방법에 대해서는 일목요연하게 정리해 놓은 책이 없었습니다. 모두 단편적인 방법만을 암시하고 있었죠. 그래서 저 나름대로 여러 가지 방법을 시도하고 사용해보았습니다. 의도적인 것도 있었고, 자연스럽게 깨달은 것도 있었죠. 무엇보다 개인 상담과 집단 상담에서 만난 수백 명의 사람과 함께 마음을 나누며 과거의 아픈 기억을 다룰 수 있었던 기회는 저에게 아주 소중한 경험이었습니다. 그 경험을 바탕으로 누군가에게 도움을 줄 수 있겠다는 생각이 들었고, 그렇게 이 책을 쓰게 되었습니다.

책에는 모두 7개의 사례가 나옵니다. 여기에 나오는 사례는 특정한 누구만 겪는 개인의 일이 아닙니다. 우리가 주변에서 보고 들을 수 있는 이야기이고, 그렇다 보니 한 번쯤은 비슷한 감정을 경험한 적이 있으실 겁니다. 그동안 저에게 개인 상담과 집단 상담을 받으셨던 분이 이 책을 읽고서 혹시 자신의 이야기는 아닌가 생각하실 수도 있겠지만, 그렇지는 않다고 자신 있게 말씀드릴 수 있습니다. 상담을 하다 보면 사람들의 경험은 비슷한 부분이 있기 마련이거든요. 그래서 한 개인의 사례를 그대로 옮겨온 것은 아니지만, 마치 나의 경험처럼 공감이 될 겁니다.

책에 담긴 사례는 모두 우리를 힘들게 하는 기억과 연관됩니다. 구체적인 사례를 통해서 심리적으로 어떤 상황인지 이해할 수 있게 설명을 드리고, 그 기억과 맞서 싸우면서 압도되지 않는 방법을 구체적으로 알려드리게끔 구성했습니다. 이 방법들을 직접 적용해보시면 스스로를 힘들게 하는 기억에 맞서 자신의 삶을 잘 살아내실 수 있을 겁니다. 책에 담긴 방법들은 꼭 해당 사례에만 적용할 수 있는 건 아닙니다. 나쁜 기억과 관련한 비슷한 다른 사례에도 적용할 수 있습니다. 단지 책을 쓰기 위해서 사례마다 방법을 다르게 기술한 것이니, 힘들었던 기억과 싸우는 데 도움이 된다면 어떤 방법이라도 괜찮습니다. 시도해보시고 꼭 이겨낼 수 있는 용기가 생기시면 좋겠습니다.

제가 상처받은 기억을 이겨낸 것처럼 여러분들도 힘들었던 기억에 압도당하지 않고 이겨내시길 바라는 마음으로 응원하겠습니다. 그리고 부디, 과거의 그 사람 때문에 지금 자신과 함께하고 있는 사람들을 놓치지 마세요. 과거의 그 일 때문에 지금 내가 마주해야 하는 작은 행복을 외면하지 않길 바랍니다.

강현식(누다심)

차 례

1장
그날을 잊을 수 있다면
죽음도 괜찮아요 _성폭행

4장

한 생명이 내 품에서
숨을 거두었어요 _펫로스증후군

5장

죽음의 공포가
잊히질 않아요 _교통사고

6장

내가 오염될 것
같아요 _오염강박

7장

누군가
나를 조종해요 _가스라이팅

1장

그날을 잊을 수 있다면
죽음도 괜찮아요

_성폭행

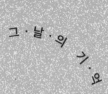

그·날·의 기·억

30대 초반의 성희는 대학 졸업 후 취업 준비 기간이 꽤 길었다. 대학에 입학한 지 얼마 되지 않아서부터 취직에 도움될 만한 활동은 모조리 했을 정도로 많이 노력 했는데도 그랬다. 외부 단체에서 진행하는 다양한 봉사활동에 참여했고, 기업에서 대학생들을 대상으로 모집하는 인턴 프로그램에 지원해 3곳의 기업에서 인턴 경험도 쌓았다. 학교에서 지원하는 취업 프로그램과 활동도 거의 놓치지 않고 참여했다. 그런데도 졸업 후 4년간 취업에 실패했다. 경제 상황이 좋지 않아 기업에서 채용 인원을 줄인 탓도 있지만, 워낙 긴장을 잘하고 불안이 높은 편이어서 면접을 망친 이유가 더 컸다. 그러다가 다행히 중견기업 해외영업부에 입사하게 되었다.

성희는 어렵게 얻은 직장이니만큼 열심히 일해야겠다고 결심했다. 하지만 그녀가 속한 해외영업부는 강도 높은 업무 때문에 기존에 다니던 직원들이 상당수 빠져나간 상태였고, 사내에서도 그런 점 때문에 모두 기피하는 부서였다. 당연히 고질적인 인력난을 겪고 있었다.

처음에 이 사실을 알고서 성희는 실망했다. 자신이 유능한 인재라서가 아니라, 모두가 기피하는 부서라서 일할 사람이 급하게 필요해서 뽑혔다는 생각 때문이었다. 하지만 곧 마음을 다잡았다. 이곳에서 열심히 일해 자신의 능력을 보여주면 오히려 더 인정받을 수 있겠다고 생각을 바꿨다.

하지만 그 다짐은 시간이 가면서 조금씩 무너져갔다. 업무가 까다롭고 어려웠을 뿐더러 하루에 해내야 할 일의 양이 너무 많았기 때문이다. 끊임없이 밀려드는 일 때문에 야근하지 않는 날을 손에 꼽을 정도였다. 야근을 계속하다 보니 너무 우울해서 견딜 수가 없었던 성희는 퇴근 시간에 맞춰서 주중 약속을 잡았다.

회사 근처의 직장에 다니는 대학 동기를 만나기로 한 약속 당일, 성희는 오랜만의 약속인 만큼 새로 산 옷을 챙겨 입었다. 평소엔 단정하게 입는 편이었지만, 이날은 조금 화려하게 꾸미고 출근했다. 동료들에게 예쁘다는 칭찬을 들으니 기분이 좋아진 성희는 퇴근 시간만을 기다렸다.

그런데 퇴근 1시간 전, 갑작스러운 팀장의 긴급 호출로 팀 회의가 시작되었다. 해외 지사에서 사고가 났기 때문이다. 팀장은 팀원들에게 야근을 부탁하면서, 해외 지사에서 새로운 보고가 들어오는 대로 지원 업무를 처리해 줄 사람이 필요하다며 두 사람 정도만 지원해달라고 했다.

하지만 어느 누구도 선뜻 나서지 않았다. 지속되는 야근에 지치지 않은 사람이 없었던 거다. 성희의 오해일지 몰라도, 팀원들은 이럴 때 막내가 남아야 한다고 생각하는 분위기였다. 자연스레 성희와 바로 위 선배가 야근하기로 결정됐다. 다른 팀원들은 두 사람에게 고맙다면서 퇴근을 서둘렀다. 성희는 어쩔 수 없이 친구에게 사과하고 약속을 취소했다. 오랜만에 친구를 만나기로 한 거라 속상했지만 내색할 순 없었다.

밤 11시즈음 모든 업무가 끝났다. 성희는 지친 몸과 마음을 이끌고 지하철을 탔다. 막차를 타고서 집 근처의 지하철역에 도착한 시각은 11시 50분. 이미 너무 지쳤기에 빨리 집에 가서 쉬고 싶었다. 평소엔 왕복 4차선 대로변으로 다녔었는데 오늘은 다른 방법으로 가볼까 싶었다. 가로등도 있고 길에 다니는 차도 많아서 안전하지만 멀리 돌아가는 길이라 지름길보다 30분이 더 소요되는 길이었기 때문이다.

지름길은 재개발 예정 지역을 가로지르는 골목길이었다. 재개발이 오래전에 예정돼 몇 년 전부터 원주민들이 하나둘씩 퇴거를 시작했지만, 보상에서 제외된 몇몇의 세입자가 퇴거를 거부해 본격적인 공사가 계속 미뤄지는 골목길이었다. 그렇다 보니 가로등도 없고,

또한 빈집이 많아서 음산한 느낌이 들어 웬만해서는 그 길로 가지 않았었다. 하지만 집까지 불과 10분밖에 걸리지 않는 지름길이라는 점이 피곤한 성희를 유혹했다. 며칠 전 낮에 남동생과 함께 그 길로 갔었는데 생각보다 무섭지 않았기에, 더욱 오늘따라 발길이 그곳으로 향하고자 했다. 그녀는 잠시 고민했다.

'설마 무슨 일이 있겠어? 요즘같이 치안이 잘 돼 있는 세상에. 그래도 혹시 모르니까 동생이랑 전화 통화하면서 가야겠다.'

성희는 남동생에게 전화를 걸면서 지름길로 들어섰다. 재개발 예정 지역은 밤이라서 더 음산하게 느껴졌고, 동생이 계속 전화를 받지 않자 긴장이 되었다. 그렇게 몇 번 벨이 더 울린 후에 반갑게도 동생이 전화를 받았다. 천만다행이라는 생각에 말을 막 하려는 순간, 누군가가 뒤에서 성희의 핸드폰을 낚아챘다. 그리고 둔기로 뭔가에 맞은 느낌이 들었고, 곧바로 정신을 잃었다.

그녀가 정신을 차렸을 땐 이미 건장한 남성 두 명에게 성폭행을 당하고 있었다. 소리 지르면 죽여버리겠다는 윽박지름에 공포를 느낀 그녀는 온몸이 굳어버려 저항조차 할 수 없었다. 동생의 빠른 판단과 신고로 경찰이 위치 추적을 했고, 덕분에 성희는 당일에 극적으로 발견되어 병원으로 곧바로 이송되었지만 그날의 충격은 실로 상당했다.

성폭행범들은 현장범으로 체포되었고, 기소되어 유죄를 선고받았다. 법적인 처리는 신속하게 끝났지만, 성희의 고통은 그때부터 시작이었다. 성폭행범이 유죄 판결을 받고 형이 집행되면 고통이 끝날 줄 알았는데, 아니었다. 성희는 그날의 기억 때문에 고통의 나날을 보냈다. 그 사건 이후로 결국 회사도 그만두었고, 꼭 필요한 상황이 아니면 외출도 하지 않았다. 불안과 초조가 점점 심해져 정신건강의학과에서 약 처방을 받았지만, 약도 잠깐 동안만 효과가 있을 뿐 지옥 같은 그날의 기억은 계속 그녀를 괴롭혔다.

그날이라는
지옥에 갇히다 ◆

'상처받은 기억'에 대한 책을 쓰기로 결정했을 때, 가장 먼저 써야겠다고 생각한 내용이 있다. 성폭력에 대한 기억이다. 나 역시 성폭력 피해자다. 군대에서 2년간 한 선임으로부터 지속적으로 성추행을 당했다. 어떻게 한 번도 아니고, 2년 동안이나 성추행을 당할 수 있는지 의아하게 여길 수 있다. 나 역시 이 생각 때문에 오랫동안 힘들었다. 나 스스로도 이해하기 어려웠던 거다.

그러다 몇 년 전에야 그때의 나를 이해할 수 있는 단어를 찾게 되었다. '그루밍.' 그루밍은 가해자가 피해자를 교묘하게 길들여서 이용하고 착취하는 것이다. 실제로 선임은 나에게 잘해줬다. 그러나 제아무리 잘해주더라도 허락 없이 내 몸을 만질 땐 너무 당황했고 수치스러웠으며, 혼란스러웠다. 하지만 무엇을 어떻게 해야 할지 몰랐던 그때의 나는 가장 손쉬운 선택을 했다. 침묵이었다.

제대 후에 내가 당했던 일이 성폭력이었음을 분명하게 인식하게 되자, 정말 견딜 수 없었다. 나에게 끔찍한 기억을 안겨주었던 선임에 대한 분노가 올라왔다. 하지만 더 큰 화는 나 자신에게로 향했다. 많은 성폭력 피해자들이 그러하듯 스스로를 용납할 수 없

19

었다. 죽고 싶은 마음이 들었다. 그냥 죽을 바에는 그놈을 찾아가서 등에 칼이라도 꽂자고 무서운 결심도 했다. 정작 실행에 옮기지는 못했다. 한동안 아무것도 할 수 없었으며, 아무것도 하고 싶지 않았다. 그래서 모든 것을 덮기로 했다. 아무런 일도 일어나지 않은 것처럼 살기 위해서.

그런데 기억이 문제였다. 성추행을 당했을 때의 기억이 생생하게 남아 있었다. 그 기억은 수시로 나를 군대 시절로 데리고 갔다. 괴로웠다. 기억을 잊기 위해 노력했지만 쉽지 않았다. 그렇게 10년 정도 지났을까…. 비로소 그 기억과 맞서 싸울 수 있는 힘을 가지기 시작했다. 심리학을 공부하면서, 그리고 심리 상담을 받으면서부터다. 어떻게 성폭력이라는 끔찍한 기억에서 벗어날 수 있었는지 성희라는 인물과 내 경험을 통해 그 방법을 소개하려고 한다.

성희처럼 생명의 위협을 느낄 정도의 외상 사건을 경험했을 경우, 그 사건에 대한 심리적 충격은 오래 지속된다. 객관적 현실에서는 그 사건이 끝났고 이제는 안전한 상황이 되었음에도, 내적 현실인 마음에서는 여전히 그 사건이 진행 중인 것처럼 반응한다. 이렇게 외상 사건 이후에도 일상을 무너뜨릴 정도의 고통을 겪는 상태를 '외상후스트레스장애PTSD; post-traumatic stress disorder'라고 한다.

정신건강의학과 전문의와 심리학자들이 참고하는 정신장애 진단에 대한 기준DSM-5에서는 외상후스트레스장애의 증상을 크게 네 가지로 언급하고 있다.

1. **사건의 재경험:** 반복된 기억, 반복된 꿈, 재경험하는 느낌

2. **사건과 관련된 자극의 회피:** 생각이나 감정, 외부 환경(사람, 장소, 활동, 상황 등)

3. **인지와 감정의 부정적 변화:** 관련 기억 상실, 자신과 세상에 대한 부정적 신념과 왜곡된 인지, 고립감과 소외감, 지속적인 부정적 감정

4. **각성과 반응성의 변화:** 과민성과 분노, 자기 파괴적 행동, 지나친 각성, 집중의 어려움, 수면 장애

성희의 증상은 진단 기준에 꼭 부합한다. 우선 그날의 기억이 수시로 떠올랐다. 때로는 그 기억이 너무 강렬해서 자기 방 안에 있는데도, 마치 성폭행을 당했던 그 장소에 있는 것처럼 불안해하며 벌벌 떨었다. 성희의 동생과 부모가 그녀를 붙잡고 몸을 흔들거나 강한 자극을 주어야 그나마 현실로 되돌아오곤 했다.

낮에는 그나마 가족이라도 함께 있으니 나은 편이었다. 문제는 밤이었다. 쉽게 잠들지도 못하지만, 어렵게 잠이 들어도 그날의 사건과 관련된 꿈을 반복적으로 꾸었다. 악몽을 꿀 때마다 소스라치게 놀라 잠에서 깨는 일이 다반사였다.

성희는 사건이 어느 정도 정리된 후에 출근을 시도했었다. 그러나 이미 직장에 성희가 겪은 사건이 알려진 상태였다. 어느 누구

도 노골적으로 그 사건에 대해 묻지 않았고, 오히려 그녀를 배려하려는 분위기였지만, 성희는 그 분위기마저도 불편했다. 또한 야근 후에 벌어진 일이었기 때문에, 늦게 퇴근할 일이 생길 때마다 불안한 마음이 들었고 이전 기억에 사로잡히곤 했다. 그래서 결국 퇴사를 결정했다.

회사만 그만두면 증상이 좀 나아질 것이라 기대했는데, 또 다른 복병이 있었다. 성폭행 사건은 그녀의 집에서 멀지 않은 곳에서 일어났기 때문에 집도 편안하지 않았다. 어쩔 수 없이 부모님과 상의해 먼 지역으로 이사를 했다.

성희의 소식을 들은 친구들과 직장 동료들은 걱정하는 마음으로 연락을 주었지만, 성희는 그들의 걱정 자체가 싫었다. 그날의 기억이 자극되기 때문이었다. 그래서 주변인들과의 연락도 차츰 끊었다. 또한 뉴스도 보지 않았고, 포털 사이트의 기사도 읽지 않았다. 이전엔 몰랐는데, 성폭력 관련 사건은 의외로 자주 뉴스에 나왔고, 너무 자세하게 보도되었다.

성희는 그 사건이 벌어진 직후엔 남동생의 발 빠른 신고로 범인을 잡게 되어 고맙다고 생각했지만, 시간이 지날수록 원망스런 마음이 가족들을 향했다. 왜 좀 더 빨리 전화를 받지 않았느냐고 동생에게 따졌고, 직장에서의 야근만 아니었다면, 아니 취직하지 않았더라면 자신에게 이런 일이 일어나지 않았을 것이라면서 취직을 독촉했던 부모님에게로 비난의 화살을 돌렸다. 그러다가도 이 사건 때문에 무너지는 자신에게 화가 났다. 아무런 잘못도 없는 부모와 동생, 직장 탓을 하는 자신이 못나 보여 견딜 수가 없었다.

그날이라는 지옥에 갇힌 것 같았다.

화살을
자신에게 겨누다.

개인마다 차이는 있지만 트라우마를 가진 사람들은 마음의 흐름이 성희와 비슷하게 진행된다. 실제 사건이 끝났지만 마음에서는 여전히 그날의 일이 계속 진행되고, 관련된 자극을 피하기 위해 삶을 멈추거나, 비관적인 생각과 우울, 불안 같은 부정적 감정에 사로잡힌다. 처음에는 상황과 타인을 비난하다가 결국엔 자기 자신을 탓한다. 자신을 비난하는 마음은 자해나 자살 시도 같은 실제 행동으로 나타나기도 한다.

의외로 많은 사람이 마지막엔 가해자보다는 피해자인 자신을 더욱 미워하며 탓하는 경향을 보인다. 왜 피해자인데도 비난의 화살을 자신에게 겨누는 걸까? 그 이유는 '통제의 욕구'가 있기 때문이다. 인간은 자신이 계획한 대로 모든 일이 흘러가길 바란다. 즉 자기 자신과 세상을 통제하고 싶어 하는 욕구를 가지고 있다.

이 욕구는 생득적이고 선천적이다. 모든 사람들에게 나타나는 것이며, 누가 가르쳐주지 않아도 갖고 태어난다. 그래서 어린아이를 키우는 부모들은 끊임없이 고민한다. 아이가 원하는 것을 들어줄 것인지, 아니면 좌절시킬 것인지. 이 말은 어린아이에게도 자신과 세상을 마음대로 휘두르고 싶어 하는 통제의 욕구가 있다는 것이다.

통제의 욕구가 사람에게 얼마나 중요한지에 대해서는 잠깐만 생각해봐도 알 수 있다. 대부분의 사람은 돈을 많이 벌고 싶어 한다. 그 이유는 가능한 많은 것을 자신의 뜻대로 하고 싶어 하는 통제의 욕구 때문이다. 어느 조직에서 높은 위치에 올라가 권력을 가지려는 것도 역시 마찬가지다. 누군가와 갈등이 생겼을 때 무력을 써서라도 상대를 제압하고자 하는 것도 상대를 통제하고 싶어서다. 공부해서 좋은 학교에 진학하고, 이후 사회에서 유리한 지위를 가지려고 하는 것도 통제의 욕구 때문이다.

그런데 제아무리 많은 돈과 권력을 가진 사람이라도 자신의 뜻대로 할 수 있는 일에는 한계가 있다. 전지전능한 신이 아니기에 불과 1분 후에 일어날 일조차 정확하게 알 수 없고, 통제할 수도 없다. 타인의 마음은 물론이고, 자신의 마음조차 뜻대로 되지 않아 힘들어하기 일쑤다. 통제의 욕구를 발휘하려고 용을 쓰며 살아도 현실에서는 기대만큼 이 욕구를 충족할 수 없다는 거다.

통제의 욕구를 충족시킬 수 없다면 포기해야 맞겠지만, 이 욕구는 우리 마음의 에너지원이기도 하다. 마치 몸의 에너지를 채워주는 식욕과 비슷하다. 사람은 식욕을 채울 만한 제대로 된 음식이 없다고 해서 식욕을 포기하지 않는다. 좋아하는 먹을 것이 그 자리에 없다면, 평소에 먹지 않던 것이라도 입에 넣어 식욕을 해결해보려고 한다.

통제의 욕구도 그렇다. 현실에서 충족시킬 수 없다면 마음에서라도 통제의 욕구를 느끼려고 한다. 즉 실제로 통제할 수는 없더라도 통제할 수 있다는 느낌으로 욕구를 충족시키려 한다. 이를 가리켜 심리학자들은 '통제감sense of control'이라고 한다.

인간이 통제감을 느끼는 가장 대표적인 방법은 현상의 원인을 이해하는 것이다. 상대방의 행동을 직접 통제할 수 없어도, 상대방이 왜 저런 행동을 하는지 그 이유를 알게 되면 마치 통제한 것 같은 느낌을 갖게 된다. 가령, 자연재해를 직접 막을 수는 없어도, 자연재해가 왜 일어나고 언제 일어나는지를 알면 그에 적절하게 대비하면서 통제감을 가질 수 있다. 심지어 대비가 큰 효과를 거두지 못하더라도, 왜 대비하지 못했는지 그 이유를 알고 나서 다음번에 더 잘 준비하면 된다고 생각하면 통제감을 얻을 수 있다.

또 다른 예로, 수많은 인터넷 기사에 댓글이 달린 걸 본 적이 있을 것이다. 기사에서 다루는 내용에 대해 자신의 지식을 동원해 인과관계를 따지면서 기사의 오류를 지적하거나, 기자의 인격을 거론하며 비난하는 사람들이 있다. 그러한 댓글러들의 행동을 보고 누군가는 참 피곤하게 산다고 말할지 모르지만, 이들 역시 자

25

신의 지식을 동원해 통제감을 느끼는 것이다.

통제감은 이득을 줄 때도 있지만, 경우에 따라서는 독이 되기도 한다. 특히 성희처럼 성폭행 피해자들에게는 더욱 그렇다. 물론 그녀가 처음부터 자신을 탓했던 것은 아니다. 자신에게 끔찍한 일을 저질렀던 성폭행범에 대한 증오가 먼저였고, 컸었다. 어떻게 해서든지 그들이 범죄에 대한 처벌을 받기 바랐고, 그래서 경찰 조사에 적극 협조했다. 그날의 사건을 떠올리고 진술하는 것이 너무 힘들었지만, 가해자들에 대한 분노가 컸기에 고통을 마다하지 않았다.

그런데 재판이 끝나자 그녀의 감정이 바뀌었다. 성폭행범에 대한 처벌이 내려졌고, 마침내 그들은 법원에서 확정된 형을 선고받았다. 하지만 그 형을 살고 나오면 법적으로 더 이상 그들에게 책임을 물을 수가 없게 된다. 나는 여전히 고통스러운데 범죄자들의 처벌이 일정 기간이 지나면 끝나 버린다니! 이때부터 그녀는 자신이 겪은 모든 일을 하나씩 되짚어보았다. 도대체 왜 이런 일이 일어났는지 알고 싶었다. 통제감이 발휘되기 시작한 것이다.

성희뿐 아니라 대부분의 사람이 고통스러운 일을 겪으면 이처럼 그 원인을 찾으려고 분석한다. 그녀 역시 그날의 사건이 왜 일어났는지 하나하나 따져보기 시작했다. 이전까지는 자신에게 취직을 재촉했던 부모님을 원망했고, 야근하게 만든 팀장과 야근에 지원하지 않았던 다른 팀원에게 화가 났다. 전화를 늦게 받았던 동생도 비난의 대상이 되었다. 그런데 되짚어볼수록 모든 것이 자신이 선택한 일이었고, 결국 자신이 초래한 일이라는 확신이 들었다. 그 회사를 선택한 것은 자신이며, 갑작스럽게 야근해야 하는 상황이 벌어졌을 때 회사에 남기로 했던 것도 자신의 선택이었고, 대로로 갈지 골목길로 갈지 결정한 것도 자신이었다. 동생에게 미리 전화를 걸어서 지하철역까지 마중 나와 달라고 부탁하지 않은 것도 자신이었고.

이러한 부정적인 생각에 더욱 힘을 실어준 건, 부모님의 말이었다.

"네가 그 길로 가지만 않았어도 이런 일이 안 생겼을 텐데….."

부모님으로서는 좋은 대학을 졸업하고 회사에 잘 다니던 딸이 이런 끔찍한 일을 겪었으니, 그리고 이후로 전혀 다른 삶을 살게 되었으니 많이 속상했을 것이다. 그래서 그 일이 일어나지 않았다면 얼마나 좋았을까 하는 생각에서 말했을 거다.

하지만 성희는 이 말을 듣는 순간 무너졌다. 그녀에겐 모든 것이 자신의 선택 때문이라는 걸 확인시켜준 말이었다. 성희는 자신이 당한 일이 스스로 선택해서 얻어진 결과이니 슬퍼하거나 불평을 해서는 안 되고, 힘들어해서도 안 된다고 마음먹었다.

수시로 그날의 기억이 떠올랐다. 작은 외부 자극에도 소스라치게 놀랐고, 늘 긴장과 각성 상태에 있다 보니 도저히 견딜 수가 없어서 자살 시도까지 하게 되었다. 모든 것이 자신의 결정으로 빚어진 일이고 선택으로 생겨난 일이니, 자신만 없어지면 될 것 같았다. 또한 죽으면 기억은 사라질 테니까, 그러면 평안해지지 않을까 싶었던 거다. 그녀는 화장실에서 목을 매기도 했고, 처방받은 약물을 한 번에 먹기도 했다. 칼로 손목과 허벅지를 긋는 시도도 여러 차례 했다.

성폭력 관련 피해자들이 자신의 피해 사실을 당당하게 말할 수 없는 이유가 여기에 있다. 성이라는 사회적 금기 때문에 목소리를 내기 어렵기도 하지만, 한편으로는 피해자에게도 어느 정도 잘못이 있지 않겠냐는 인식 때문에 더욱 그렇다. 이러한 시각은 안타깝게도 사회적으로만 있는 것이 아니라, 피해자 자신에게도 존재한다. 나 역시 그랬다. 군대에서 2년 동안 성추행을 당했었는데, 오랜 시간 동안 그 누구에게도 털어놓지 못했다. 그 경험이 나 스스로도 이해가 되지 않았다. 분명히 싫고 괴롭고 힘들었는데, 왜 아무런 조치도 취하지 않았을까…. 이런 생각을 반복하다 보니 잘못을 저지른 선임보다 내 자신이 더 미웠다. 모든 것이 내 책임과 선택처럼 느껴졌다.

한국성폭력상담소에서 나온 성폭력 피해자를 위한 DIY가이드북이 있다. 그 책의 이름은 《보통의 경험》이다. 성폭력 피해자들에게 주는 책 제목이 보통의 경험인 이유는 무엇일까? 피해자들의 경험이 특별하지 않고 일반적이라는 의미다. 특별하지 않고 일반적이라는 건, 그들의 고통과 슬픔을 별것 아닌 것처럼 생각한다는 게 아니다. 누구나 겪을 수 있는 일이니 그냥 참으라고 강요하는 것도 아니다. 성폭력 피해자를 위한 책인데 이런 의도일 리 없다. 개인의 그 경험과 그 경험에서 느끼는 고통, 슬픔은 그 자체로 존중받아야 한다는 것을 전제로 하고 있다. 단지 책에서 말하고자 하는 '보통'의 의미란 통계적으로 많은 사람이 겪는 고통이라는 것이다. 자신만이 특별히 이상하거나 특별히 나쁘고 특별히 운이 없어서가 아니라, 개인의 특성과 무관하게 누구라도 겪을 수 있는 일이라는 뜻이다. 그러니 사람들의 시선이 두렵다고 숨지 말고, 자신의 고통과 슬픔을 끌어안자는 의미다.

성폭력 피해가 보통의 경험이라고 말하긴 어렵지 않냐고 묻는 사람들이 있을 것이다. 나 역시 상담 관련 일을 하지 않았더라면 몰랐을 거다. 비율상 성폭력 피해자는 남성보다 여성이 압도적으로 많다. 그러나 피해 경험이 있는 여성들도 아무 데서나, 누구한테나 자신의 경험을 털어놓지 않는다. 그래서 직접 이런 일을 겪기 전까지는 나도 성폭력이 얼마나 만연해 있는지 전혀 모르고 살았었다. 그리고 관심도 없었다.

군대 제대 후 인생의 진로를 고민하던 중 심리학자가 되기로 결심하고 심리학과에 진학하였다. 심리학과에서 만난 사람들은 대체로 마음에 관심 있는 사람들이어서 정치나 경제, 연예나 스포츠 같은 주제로 이야기하기보다는 각자의 아픔과 상처, 인간관계와 삶에 대한 고민을 주로 나누는 편이다. 처음에는 진로, 친구, 연애 관련 고민으로 시작해서 분위기가 무르익으면 자신의 원가족과 어린 시절을 이야기하게 된다. 대부분의 대화는 이 정도에서 끝난다.

그런데 어느 날 스터디 모임 사람들과 뒤풀이하던 중이었는데, 한 후배가 자신의 성폭력 피해 경험을 털어놓았다. 수년 전에 있었던 일인데 최근 들어 그때 생각이 너무 많이 난다며 울면서 말했다. 나는 갑자기 불안해졌다. 군대에서 겪었던 일이 떠올랐기 때문이다. 그 후배는 무슨 생각으로 말했는지 모르겠지만, 나는 그때까지만 해도 굳이 입 밖으로 내 상처를 꺼내고 싶지 않았다. 분명히 사람들이 잘 받아주지 못할 것 같았고, 내가 나를 스스로 비난했듯이 왠지 나를 좋지 않은 시선으로 바라볼 것 같았기 때문이다.

그 후배의 이야기를 듣던 사람들은 크게 놀라거나 걱정을 드러내거나 과도하게 위로하지 않았다. 잠시 침묵이 흘렀다.

'역시 이런 이야기는 꺼내놓지 않는 게 좋아.'

이러한 생각이 내 머리를 스쳐갈 즈음, 무리 중 또 다른 누군가가 자기 이야기를 꺼냈다. 그런 경험이 있다고. 그러면서 자신이 당했던 성폭력과 성추행 경험을 털어놓았다. 그 이야기가 끝나기 무섭게 또 다른 사람이, 그리고 또 다른 사람이 이야기를 꺼냈다. 그 자리에 있던 사람이 6명이었는데, 나 빼고 모두가 자신의 이야기를 꺼냈다.

나는 너무 놀랐다. 그날의 자리는 성폭력 피해자 모임이 아니었다. 그냥 평범한 스터디 모임이었는데, 대부분의 사람이 비슷한 경험을 가지고 있다니 믿기지 않았다. 나도 그제야 용기를 내어 이야기했다. 난생 처음으로 내가 겪은 수치스러운 사건에 대해서 말이다. 어느 순간 누군가 울기 시작했고, 이내 우리 모두 울었다. 그 울음은 서로의 아픔에 깊이 공감한다는 의미였다. 함께 울면서 주고받았던 말들은 정확하게 생각나지 않지만, 그 마음은 전달되어 지금도 또렷이 남아 있다. '나의 경험이 내 잘못은 아니다'라는 메시지였다. 이 사건은 나에게 매우 중요했다. 그동안 어디서도 말할 수 없었던 이유가, 나에게 벌어진 일이 혹시 내가 뭔가 잘못했기 때문은 아닐까 하는 의구심 때문이었는데, 이런 마음이 상당 부분 사라졌기 때문이다.

이렇게 여러 사람과 마음을 나누면서 피해자로서 위로를 받았지만, 그래도 여전히 나에게는 풀리지 않는 한 가지 의문점이 남아 있었다. 만약 내가 과거의 그 시점에서 다르게 행동했더라면 선임이 나를 지속적으로 성추행하지 않았을 수도 있지 않을까라는 생각이었다. 아니면, 내무반 사람들과 함께 작업하러 나갔을 때 길에서 짱돌을 들어서 그 선임의 뒤통수를 사정없이 갈겼더라면 적어도 지금처럼 후회하지는 않았을 거란 생각이었다.

그때로 돌아가면
달라질까 ◆

　　　　　　성폭력 피해 경험이 나만의 특별하고 독특한
경험이 아니라 보통의 경험이라는 사실을 더욱 뼈저리게 알게 된
계기는 본격적으로 심리 상담을 하면서부터다. 심리 상담을 진행
하기 전에 작성하는 신청서에는 내담자의 과거 경험을 적는 칸이
있다. 그 중 하나가 과거의 성폭력 피해 경험이다.

　놀랍게도 상담 센터를 방문하는 여성 내담자 중 상당수가 성폭
행, 성추행, 성희롱의 경험이 있다고 적는다. 그리고 여성만큼은
아니지만 남성 중에도 나처럼 피해 경험이 있는 경우가 종종 있
었다. 이들과 그때의 경험에 대해서 이야기하다 보면 어김없이 비
난의 화살을 가해자보다는 자신에게로 향하곤 한다. 성희도 마찬
가지였다. 반복되는 자해와 자살 시도 때문에 보호병동에 강제 입
원을 몇 차례 경험한 후에 어렵게 시작하게 된 심리 상담에서도
자신을 비난했다.

　"모든 게 제 잘못이에요. 제가 그 회사에 취직했고, 제가 야근에
자원했어요. 그리고 동생에게 역으로 마중 나오라고 미리 부탁하지
않았고, 제가 그 지름길을 선택했어요. 다 제가 저지른 일이에요."

그녀는 자기 자신을 향한 비난과 책망의 수준이 매우 높은 상태였다. 상담을 시작하기 전에 실시한 심리 검사에서 우울과 불안이 상당히 높은 수준으로 나왔는데, 다행히 약물 치료를 하고 있었다. 그래서 그날을 이야기할 때 감정적으로 격한 상태는 아니었다.

성희가 이처럼 자신을 미워하고 비난하는 것은 감정적인 호소가 아니라, 정말 자신의 탓이라고 나름의 논리적인 결론을 내린 듯했다.^{이것은 절대로 논리적이지 않은 결론이다.} 이런 경우엔 내담자의 감정에 대한 공감과 이해만으로 충분히 해결되지 않는다. 상담자는 내담자가 가지고 있는 왜곡된 생각에 도전해야 한다. 그래서 나는 과감하게 질문을 던졌다.

"성희씨는 그날에 벌어진 일이 정말 자신 때문이라고 생각하는군요."

"네, 제가 그런 선택만 안 했으면 그런 일은 없었을 거니까요."

"그럼 제 말을 한번 잘 들어보세요. 우리 앞에 타임머신이 있습니다. 타임머신을 타고 야근했던 그날로 돌아가보죠. 지하철역에 도착했을 때가 몇 시였죠?"

"11시 50분이요."

"좋아요. 그날 11시 50분, 성희씨는 지하철역에 서 있어요. 집으로 가는 방법은 두 가지죠. 하나는 보다 안전하지만 더 많이 걸어야 하는 대로변이고, 또 다른 하나는 좀 무섭지만 빠르게 갈 수 있는 골목길이에요. 만약 그때로 돌아가면 성희씨는 어떤 선택을 하겠어요?"

"선생님! 지금 그걸 질문이라고 하세요? 당연히 대로로 가겠죠!"

"아, 제가 이걸 말씀 안 드렸네요. 과거로 돌아가면, 성희씨는 잠시 후에 어떤 사건이 벌어질지 전혀 모르는 상태입니다. 그날 성희씨는 오랜만에 정시 퇴근해서 대학 동기를 만나려고 했잖아요. 그런데 갑자기 하게 된 야근 때문에 기분도 상했고, 몸도 힘들었어요. 그다음 날도 일찍 출근해야 하니 빨리 집에 가서 쉬고 싶었죠. 그리고 며칠 전에 남동생과 지름길로 갔었는데 생각보다는 무섭지 않았고요. 그래서 남동생과 전화 통화하면서 걸어가면 별일 없을 거라고 생각했죠. 이제, 다시 물을게요. 과거로 돌아가면 성희씨는 어떤 선택을 하겠어요?"

"뭐라고요? 선생님은 제가 과거로 돌아가도 또 지름길을 선택할 거고, 결국 저는 그런 험한 일을 당해야 할 운명이라고 말하고 싶으신 거예요?"

"아니요. 제가 말하고 싶은 건 그 일이 성희씨의 운명이란 게 아니라, 성희씨로서는 그렇게 선택할 수밖에 없었기에 본인이 당한 일에 모든 책임과 선택을 자신의 탓으로 돌리면서 스스로를 비난하지 말라고 말하고 싶은 거예요."

모든 일은 지나고 보면 원인과 결과를 분명히 알 수 있다. 그래서 자신이 겪은 일의 원인을 여러 가지로 분석할 수 있게 된다. 물론 원인으로는 자신의 선택, 타인의 선택, 그리고 상황적 이유 등 여러 가지가 있고 또한 복합적이다. 하지만 이 중에서 자신이 통제할 수 있는 것은 거의 없다. 자신의 선택만 통제할 수 있고, 타인의 선택과 상황적 이유는 우리가 선택할 수 없다. 그런데도 자신이 선택을 다르게 했더라면 결과가 달라졌을 것이라고 논리적인 양 판단을 한다. 통제감을 발휘하는 것이다.

지금 내가 이 책을 쓰고, 당신이 이 책을 읽고 있는 지금으로부터 딱 5분 후에 무슨 일이 벌어질지는 그 누구도 알 수 없다. 마찬가지로, 과거로 돌아가면 잠시 후에 무슨 일이 벌어질지 알 수 없기 때문에 엄연히 말해 그 당시의 선택과 결과는 '통제 불가능한 것'이다. 이처럼 통제할 수 없었던 과거의 상황을 마치 통제할 수 있었을 거라고 착각하는 걸 '통제력 착각illusion of control'이라고 한다.

사람이 착각에 빠지면서까지 통제감을 갖고자 하는 것은, 역설적으로 그 상황에서 자신이 너무나 무기력했기 때문이다. 그래서 이후로 통제감을 가지려 하지만, 결국 스스로를 비난하는 부작용으로 이어질 수 있다.

자책과 자기 비난은 심한 경우엔 반복적인 자해와 자살 시도로 발전할 수 있다. 그렇기에 통제력 착각은 당장 멈춰야 한다.

통제력 착각에서
벗어나기 ◆

성폭력과 성추행에 관한 피해 기억에서 벗어나지 못하는 이유는 통제력 착각 때문이다. 자신이 과거에 다른 선택을 했더라면 그 일이 일어나지 않았을 거라고 생각하는 건 계속 아쉬움과 미련을 남긴다. 그러면서 새로운 시나리오를 쓰게 된다. 자신이 다른 행동을 했더라면 어떤 일이 어떻게 벌어졌을 것이라고 예상하면서 말이다.

하지만 이 과정을 반복한다고 해서 과거의 선택이 바뀌진 않는다. 오히려 새로운 시나리오를 쓰기 위해 원래의 경험을 반복적으로 떠올리고 곱씹다 보면, 이 과정에서 기억은 점점 더 선명해지고 자주 떠오른다. 당연히 괴롭다.

피해 기억에서 자유로우려면 먼저 통제력 착각에서 벗어나야 한다. 자기 비난을 멈추고 성폭력 상황 앞에서 자신이 무기력할 수밖에 없었다는 걸 인정해야 한다. 그 어떤 것도 예상할 수 없었고, 통제할 수 없었다고 받아들여야 한다. 사실 따지고 보면 우리가 이 땅에 태어난 것도 스스로 선택한 게 아니다. 내 의지와 상관없이 이 땅에 태어났다. 부모도 내가 선택한 게 아니고, 내 형제가 몇 명일지, 또 내 형제가 어떤 사람일지 통제할 수 없었다.

인간에게 큰 영향을 미치는 어린 시절의 경험 역시 내가 선택할 수 있는 게 아니다. 부모가 사는 곳이 곧 내가 사는 곳이 되었으며, 부모의 경제 수준이 곧 나의 경제 수준이 되었다. 어린이집이나 유치원부터 시작한 교육 과정 속에서 어떤 선생님을 만날지, 어떤 성향의 아이들과 친구가 될지도 내가 원해서 결정된 게 아니다. 심지어 연애와 결혼도 그렇다. 사랑해서 연애하고 결혼했더라도, 사실 결혼 당시에는 자신의 배우자가 어떻게 변할지 아무도 모르지 않는가. 지금의 선택이 미래에 어떤 결과를 낳을지에 대해 우리는 전혀 예측할 수 없다. 당연히 통제도 불가능하다.

지금까지는 뭔가 통제할 수 있다고 생각하고 살았는데, 갑자기 무력감을 받아들이라고 하면 더 깊은 우울을 경험하게 될 수도 있다. 하지만 지금까지 통제할 수 있다고 믿었던 것들이 모두 나의 착각이었다고 인정하면 이야기는 달라진다. 세상이 평평하다고 믿고 살았던 사람들이 지구가 둥글다는 사실을 처음 알았을 때, 그들은 어떤 기분이었을까? 지구가 우주의 중심이었다고 믿었던 사람들은 사실 지구가 우주의 변방이라는 사실을 처음 알았을 때 어떤 기분이었을까? 우울했을까? 아니, 혼란스럽기야 했겠지만 우울하지는 않았을 것이다.

이처럼 무력감을 인정하고 받아들일 때의 좋은 점은, 자기를 비난하지 않게 된다는 점이다. 예전의 나는 성폭력 피해를 당했다는 사실을 분명히 인지하게 되면서부터 자신을 비난했다. 당시에는 '그루밍'이라는 개념조차 흔하지 않을 때여서, 내가 왜 가만히 당

37

하고 있었는지를 스스로 이해하는 것부터 힘들었다. 혹시 내가 그런 성적 취향인 걸까 스스로 의심도 했었다. 하지만 나는 전혀 즐겁지 않았고, 수치스럽고, 불쾌했다. 또한 결코 그 선임에게 내 몸에 손을 대어도 된다고 허락한 적이 없었다. 그런데도 왜 아무런 조치도 취하지 않았을까 하며 나를 계속 비난했다. 그리고 과거로 돌아간다면 절대로 가만히 있지 않을 텐데라며 후회했다. 이런 마음으로 10년을 지냈다.

그러던 중 심리학과 수업 시간에 통제력 착각이란 개념을 알게 됐을 때, 마침내 답을 찾은 것 같아 무척 기뻤다. 당시의 무력한 상황을 받아들일 수 없어서 스스로를 향한 비난과 책망을 통해 통제감을 발휘하려 했다는 걸 깨닫게 되었다. 그때야 나는 통제력 착각을 포기했다. 모든 상황을 통제할 능력이 나에겐 없었음을, 그래서 무력했음을 받아들이기로 했다. 그러자 놀랍게도 나를 탓하지 않게 되었다.

요즘엔 어린아이들에게도 남녀 성별을 가리지 않고 다양한 방법으로 성범죄 피해 예방 교육을 한다. 나도 두 아들을 키우면서 이와 관련된 다양한 아동용 책을 알게 됐고, 아이들의 눈높이에 맞춰 성폭력 가해자나 피해자가 되지 않도록 교육할 수 있었다. 그러나 내가 어릴 적엔 한 번도 그러한 교육을 받아본 적이 없다. 게다가 남자인 내가 성폭력 피해자가 될 거라곤 전혀 생각해본 적도 없다. 예전의 부모님들은 딸에게만 옷차림을 조심해라, 밤늦게 다니지 말라는 이야기를 하셨다. 지금 돌아보면 성차별적이고, 피해자에게 원인을 돌리는 바람직하지 못한 발언이다.

하지만 나는 이런 교육조차 받지 못한 채로 자랐다. 그렇다 보니 내가 성범죄 피해자가 될 수 있다는 생각을 한 번도 해본 적이 없었고, 어떤 것이 성범죄인지도 정확하게 인지하지 못했었다. 그렇게 무지한 상태로 군대에 갔다.

나는 내무반에서 막내였다. 나를 괴롭힌 선임은 입대일이 나와 2개월밖에 차이 나지 않았지만, 입대한 지 몇 개월 안 될 즈음에 말년 병장들이 우르르 제대하는 바람에 그는 내무반에서 빠르게 권력을 잡았고, 상대적으로 나는 별로 차이 나지 않는 선임들이 많아서 제대하기 2개월 전까지 권력을 잡지 못했다. 소위 그는 풀린 기수였고, 나는 꼬인 기수였다. 어쨌든 나에게 그는 하늘 같은 선임이었다. 당연히 선임의 괴롭힘을 쉽사리 거부할 수 없었다.

결국 과거로 돌아가더라도 나는 똑같은 일을 또 당할 수밖에 없었을지도 모른다는 생각에 이르자, 그때부터 나를 미워하지 않기로 했다. 그러자 정말 잘못한 사람이 누구인지, 내가 분노해야 할 대상이 누구인지가 분명해졌다. 나를 성추행했던 그놈이다.

분노해야 할 대상이
분명해지다.

2017년 10월, 할리우드 유명 영화 제작자인 하비 와인스틴^{Harvey Weinstein}으로부터 성범죄 피해를 입은 사람들이 자신의 피해 사실을 SNS에 고발하면서 해시태크 미투^{#MeToo}를 달았다. 누군가의 용기 있는 고발을 시작으로 그동안 자신의 성범죄 피해를 숨겨왔던 사람들이 너도나도 목소리를 내면서, 전 세계적으로 미투운동^{Me Too Movement}이 퍼져나갔다.

사실 미투운동은 훨씬 이전에 제안되었다. 2006년 미국의 여성 사회운동가 타라나 버크^{Tarana Burke}가 미국에서 가장 약자라 할 수 있는 소수 인종의 여성과 아동들이 자신의 성범죄 피해 사실을 드러낼 수 있도록 독려하고, 피해자들이 서로의 경험을 공유하며 공감과 연대를 통해 세상을 바꾸자면서 미투운동을 제안했다. 그러나 10년 동안 미투운동의 파장은 크지 않았다. 성폭력은 그저 소수에게만 발생하는 일이라고 생각했던 거다. 하지만 2017년부터 시작된 미투운동은 우리 사회에서 성범죄가 얼마나 만연한지를 세상에 드러냈다.

개인적으로 미투운동이 참 반가웠다. 나는 미투운동이 일어나기 전부터 내가 성폭력 피해자라는 사실을 공개적인 자리에서 말했다. 사람들은 내 아픔에 공감하고 위로해주면서도, 한편으로는 그 사실을 꼭 말해야겠냐면서 말렸다. 물론 나를 위한 걱정이라는 건 알았지만, 나는 그들의 마음만 받기로 했다. 나는 나를 위해 성폭력 피해 사실을 더는 숨기지 않기로 결정했다.

나는 피해자들이 내 이야기를 듣고 용기를 얻어 자신들의 경험을 더 많이 세상에 내어놓길 기대한다. 실제로 내 이야기를 듣고 다가와 자신도 성폭력 피해자라는 사실을 말해주는 사람들이 꽤 있었다. 내 글을 보고 메일로 자신도 성폭력 피해 경험이 있고 계속 숨기고 살았다면서, 이제는 숨지 않고 당당하게 살아가겠다는 사람도 있었다.

실제로 미투운동을 통해 그동안 가려져 있던 성폭력이 많이 드러났고, 실제 처벌로 이어진 사례도 있다. 그러나 미투운동의 가장 중요한 가치는 피해자들의 심리적 고통을 상당 부분 덜어주었다는 점이다. 많은 사람이 자신과 비슷한 경험을 했다는 사실을 아는 것만으로도 심리적 고통은 경감된다. 심리학에서는 이를 가리켜 '보편성universality'이라고 한다.

보편성은 집단 상담의 효과에서 빠질 수 없는 요소다. 많은 사람은 심리 상담이라고 하면, 한 사람이 상담자를 찾아가 일대일로 진행하는 개인 상담이 전부인 줄로 알고 있다. 그러나 개인 상담보다 더 강력한 효과를 발휘하는 건 집단 상담이다. 집단 상담은 여러 사람이 한두 명의 상담자와 함께 마음의 여정을 떠나는 것이다. 자신의 속내를 전문가에게만 이야기하는 개인 상담의 형태

41

가 아니라, 여러 사람과 함께하는 공간에서 이야기한다는 사실에 처음엔 적지 않게 놀란다. 특히 어린 시절부터 자신의 속내나 가족 이야기를 남에게 하면 안 된다고 잔소리를 듣고 자란 경우엔 더 그렇다.

그러나 용기 내서 집단 상담에 참여해보면 아주 놀라운 경험을 하게 되는데, 그 중 대표적인 것이 보편성이다. 심리적 고통은 자신의 경험이 나 혼자만의 것인지 아니면 여러 사람에게도 해당하는 것인지에 따라 느껴지는 무게와 크기가 달라진다. 제아무리 사소한 경험일지라도 다른 사람들에게 공감받거나 이해받지 못한다고 느끼면 죽고 싶을 정도로 고통이 크게 다가온다.

하지만 아무리 끔찍한 경험이더라도 대부분의 사람이 비슷한 형태로 겪었거나 동일한 경험을 했다는 걸 알게 되면, 그래서 쉽게 공감받을 수 있고 이해받을 수 있다는 사실을 경험하면 별일이 아닌 것처럼 느껴지게 된다. 이런 면에서 미투운동은 더욱 활발하게 일어나야 된다. 혼자가 아니라는 점, 나만 겪은 일이 아니며 내가 잘못해서 생긴 일이 아니라는 것, 그래서 얼마든지 이해받을 수 있고 공감받을 수 있다는 사실을 아는 게 너무도 중요하다.

자신이 경험한 성폭력 피해 사실을 말하는 것이 중요한 이유는 또 있다. 바로, 내 자신이 피해자라는 사실을 상기할 수 있다는 점이다. 어떠한 범죄가 발생하면, 누가 그 사실을 숨겨야 할까? 피해자일까, 가해자일까? 가령 강도 사건이 일어났다면 "강도야!"라고 크게 외치는 사람은 강도가 아니라 피해자다. 가해자는 범죄를 숨겨야 하고, 피해자는 범죄를 큰소리로 알려야 한다. 그게 정상적인 것이다. 이런 면에서 내가 겪은 성범죄 사실을 말하는 건, 나 스스로에게 '내가 피해자'라는 사실을 말하고 있는 셈이 되는 거다.

"내 잘못이 아니야. 성범죄 사실을 숨겨야 할 사람은 가해자이지, 피해자인 내가 아니야."

가끔 나에게 "성범죄 사실을 이야기하면 그때의 일이 떠오르지 않느냐"고 묻는 사람들이 있다. 자신도 미투운동에 동참하고 싶지만, 그때의 일을 다시 떠올리는 것이 싫어서 하지 못하겠다고 말하기도 한다. 앞서 설명했듯이, 성범죄 피해 경험이 계속 생각나는 이유는 잘못된 방식으로 통제감을 추구하기 때문이다. 돌이킬 수도, 해결할 수도, 통제할 수도 없었던 그때의 일을 계속 곱씹으면서 마치 통제할 수 있었던 것처럼 자신을 비난한다면 과거에 내 자신을 가두는 꼴이 되어 버린다.

진짜 통제감을 발휘하고 싶다면, 우선 그때의 나는 아무것도 할 수 없었던 상태, 즉 무력했음을 인정해야 한다. 내가 뭘 할 수 있었던 게 아니다. 지금 당장 자기 비난을 멈춰야 한다. 나의 무력감을 받아들이고, 자기 비난을 멈추는 게 상처 입은 나를 위해 지금 내가 할 수 있고, 해야 할 일이다.

더 나아가 내가 입은 피해를 이야기하자. 그리고 나 혼자만의 경험이 아니라 보통의 경험임을 확인하자. 이 과정을 통해 그 사건을 숨겨야 할 사람은 가해자이지, 피해자인 내가 아님을 기억하자. 그러다 보면 법과 제도가 바뀌게 된다. 그러면 경각심 없이 타인의 몸과 마음에 상처 주는 사람들이 설 자리가 좁아질 것이고, 성범죄에 너무도 관대한 처벌도 바뀔 것이다. 이것이 정말 제대로 된 통제감을 발휘하는 행위가 아닐까?

기억에 압도되어 일상이 무너지느냐, 기억에 압도되지 않고 기억과 함께 일상을 살아가느냐는 전혀 다른 결과물이다. 물론 그 일을 떠올릴 때 아무런 감정이 느껴지지 않을 만큼 회복된다는 건 영원히 불가능할지도 모른다. 나 역시 여전히 불쾌하고, 화가 난다. 하지만 그 기억에 사로잡혀 슬프고, 괴롭고, 죽고 싶다고 생각하지는 않는다. 일종의 사고를 당했다고 받아들이고 있다. 일어나지 않았으면 좋았을 사고일 뿐이다. 그렇게 인정하고 받아들여야 가해자를 욕하고, 다시 내 삶의 방향으로 나아갈 수 있다.

스스로에게 따뜻한 목소리로 말해주길 바란다. 당신은 보호받아야 할 피해자일 뿐이라고. 물론 세상에는 여전히 가해자가 아닌 피해자를 탓하거나 욕하는 이상한 사람들도 있지만, 그들 때문에 스스로를 가해자 취급하면서 자책과 자기 비난으로 삶을 허비하지 말자.

당신과 나는 그 누구보다 소중하다.

2장

어떻게 부모가
그럴 수 있죠?

_학대

그·날·의 기·억

학수는 어릴 적부터 소위 '주의산만한' 아이였다. 책을 읽다가도 갑자기 장난감으로 시선을 돌리고, 방을 어지럽히는 등 잠시도 가만히 있지 못했다. 쉴 새 없이 몸을 움직였고, 이곳저곳을 뛰어다녔다.

외동아들인 학수가 사달라는 장난감이라면 부모님은 뭐든지 사주었기 때문에 방에는 각종 놀이감이 구비되어 있었다. 하지만 새로운 장난감도 일주일 정도만 관심을 보일 뿐, 학수는 끊임없이 새로운 장난감을 요구했다. 그럴 때마다 부모님은 타일러보았지만, 끝내 고집을 꺾지 못하고 아이가 원하는 장난감을 사주곤 했다.

장난감만이 아니었다. 학수는 뭐든지 금세 싫증내고, 자기 고집대로만 하려고 했다. 게다가 폭력적인 성향도 있었다. 어린이집이나 동네 놀이터에서 친구를 때리거나, 어린이집의 교사나 가정 방문 교사에게 소리를 지르며 욕하는 경우가 많았다.

하지만 학수의 부모님은 아들을 혼내지 않았다. 상대편 아이의 부모님이나 교사에게는 죄송하다고 사과했지만, 학수에게는 그러면 안 된다고 타이르는 것이 전부였다. 아직 어리니까 그럴 수 있다고 생각해서 무슨 행동이든 너그럽게 받아주었다. 누가 봐도 학수는 심각하게 버릇없고 이기적이며 주의산만한 아이로 자라고 있었다.

부모님이 학수에게 한없이 너그러운 데는 이유가 있었다. 부부는 결혼 후 오랫동안 아이가 생기지 않아 걱정이 많았었다. 불임클리닉에 다니면서 시험관 시술을 비롯해 가능한 모든 시도를 해봤지만 결국 실패로 끝났고, 아이를 가질 수 없다는 생각에 절망했다. 주변에서 입양을 권했지만 선뜻 용기가 나지 않아 망설이던 중에 임신이 되었다. 결혼 후 10년 만에 어렵게 생긴 아들이니 너무 귀했던 거다. 게다가 학수 아버지의 사업이 잘 되고 있을 때여서 아들이 원하는 건 뭐든 다 해주고 싶었다.

그러다 학수가 초등학교를 입학하면서 문제가 생겼다. 어린이집에 다닐 때만 해도 친구를 때리거나 교사에게 대드는 등의 문제 행동을 보여도 어리다는 이유로 이해하고 넘어가는 분위기였지만, 초등학교에서는 용납되지 않았다.

학교에 입학하고 한 달도 되지 않아 부모님은 담임교사로부터 연락을 받았다. 학수가 수업 시간에 자리에 앉아 있지 못하고 계속 돌아다니면서 친구들에게 말을 걸거나 물건을 만져서 수업 진행이 어

49

렵다는 거였다. 부모님은 교사에게 '아직 어리니까 그럴 수 있지 않느냐'고 말했다가 무안을 당했다. 담임교사는 학수가 어린이집에서는 어땠는지 몰라도, 학교에서는 이렇게 행동하면 안 되니 집에서 훈육을 잘 시켜달라고 강력하게 말했다.

하지만 부모님은 아이를 어떻게 훈육시켜야 하는지 방법을 몰랐고, 학수도 부모님의 말을 귀남아 듣지 않았다. 그렇게 몇 주기 흘렀을 때, 학수가 쉬는 시간에 친구를 밀어서 넘어뜨리는 사건이 발생했다. 친구는 뒤로 넘어져 머리를 5바늘이나 꿰매야 했다. 담임교사는 초등학교 1학년 사이에 폭력 사건이 발생한 것은 굉장히 드문 일이라면서, 피해 아동의 부모님이 원하면 학교폭력위원회를 소집할 수도 있다고 통보했다. 학수의 부모님은 피해 아동의 집으로 찾아가 죄송하다며 용서를 구했고, 다행히 학교폭력위원회를 소집하지 않기로 했다.

이후로 부모님은 아들을 이대로 그냥 둘 수 없겠다고 생각해서 본격적으로 훈육을 시작했다. 하지만 이전까지 제대로 된 훈육을 받아본 적이 없었던 학수가 갑자기 말을 들을 리 없었다. 학수는 부모님이 훈계하는 중에도 등을 돌려 앉아 장난감을 가지고 놀려고 했다. 순간 학수 아버지는 화가 나서 아들이 움직이지 못하게끔 몸을 꽉 잡았다. 학수는 벗어나기 위해 발버둥쳤다. 그러다 아무리 해도 아버지의 완력을 이길 수 없음을 깨닫고는, 손을 아주 세게 물어버렸다. 물린 아버지는 홧김에 학수를 사정없이 때리기 시작했다.

옆에 있던 어머니가 말렸기에 다행이지, 그렇지 않았다면 학수는 크게 다쳤을 것이다. 그 정도로 상황이 심각했다.

이날 이후로 학수는 학교에서 조금 얌전해졌다. 그러나 일주일 정도가 지나니 다시 원래 모습으로 돌아왔다. 학교나 학원, 가정에서 연이어 문제가 터졌고, 아버지는 그때마다 매를 들었다. 어머니도 처음엔 어렵게 얻은 아들이 안타까워서 남편을 말렸지만, 학수가 대들기 시작하자 이번에 버릇을 고치지 않으면 안 되겠다는 결심에 남편의 폭행에 동조했다. 훈육을 위해 시작한 아버지의 강력한 체벌과 어머니의 차갑고 냉랭한 양육 태도는 시간이 갈수록 그 수위가 높아졌고, 결국 신체적·정서적 학대라고 할 수 있을 정도로 그 강도가 심해져 갔다.

훈육으로 시작한 체벌이 학대로까지 발전한 데는 아버지의 사업 실패도 어느 정도 영향을 끼쳤다. 가정 경제가 어려워지자 부부싸움이 잦아졌고, 그 불똥이 아들에게로 튀었다. 전업주부였던 어머니는 집 근처의 마트에서 계약직으로 일하게 되었고, 아버지는 사업 재기를 위해 백방으로 분주하게 뛰어다녔지만 뜻대로 되지 않았다. 점점 아버지의 음주가 잦아졌고, 술을 먹는 날은 학수가 매를 맞는 날이 되었다. 아버지는 사업 실패가 마치 학수 때문인 것처럼 온갖 욕을 하면서 무차별적으로 폭행했다.

학수는 더 이상 학교에서 문제를 일으키는 아이가 아니었는데도 체벌은 계속되었다. 부모님의 신체적·정서적 학대로 인해 늘 긴장하고 불안이 높은 아이로 자랐다.

어느덧 5학년이 된 학수는 부모님에게 혼날 만한 이유를 만들지 않기 위해 학교에서 돌아오자마자 자신이 해야 할 일을 하나씩 챙겼다. 물론 여전히 주의집중력이 부족하고 행동도 부산스러웠지만 최선을 다해서 혼나지 않으려고 애썼다.

그러던 어느 날, 그날은 어머니가 밤 근무 때문에 늦게 들어오는 날이다 보니 학수는 더욱 긴장했다. 잠시 후 현관문이 열리고 아버지가 들어왔다. 역시나 만취한 상태였다. 학수는 불안한 표정으로 인사했다. 아버지는 학수를 쳐다보고는 화난 얼굴로 말했다.

"너 같은 놈을 낳으려고 나랑 네 엄마가 얼마나 고생했는지 알아? 너 같은 놈한테는 매도 아까워. 넌 창피를 당해봐야 해. 옷 벗고 나가!"

학수는 난데없이 옷을 벗으란 아버지의 말이 이해되지 않았지만, 너무 무서워서 시키는 대로 했다. 아버지는 알몸 상태인 학수의 귀를 잡아끌면서 온갖 욕을 하며 밖으로 내쫓았다. 학수는 잘못했다고 울면서 나가지 않으려고 버텼지만, 성인 남자의 힘을 이길 수 없었다. 그렇게 학수는 발가벗겨진 채로 쫓겨났다.

초등학교에 입학할 때만 해도 지역에서 가장 좋은 아파트 단지에 살았던 학수네는 아버지의 사업 실패 이후 낡고 허름한 집으로 이사했기 때문에, 집 현관문만 열면 바로 사람들이 왕래하는 대로였다. 알몸으로 길거리로 내몰린 학수는 현관문을 두드리면서 잘못했다고, 살려달라고, 다신 안 그러겠다고 울부짖었다. 지나가는 사람들이 다 쳐다봤다. 학수는 사람들의 눈길을 받으며 계속 현관문을 두드렸다. 그때 마침, 학수의 집 앞을 지나던 같은 반 여자아이와 눈이 마주쳤다. 여자아이도 학수를 알아보고는 금세 눈길을 피했다.

곧이어 도착한 어머니가 동네 시끄러워질 것을 걱정하며 빠르게 현관문을 열었고, 그제야 학수는 집으로 들어갈 수 있었다. 상황은 종료되었지만, 그날 학수가 받은 충격과 수치심은 20년이 지난 현재까지도 머릿속에 생생하게 남았다. 또한 반복된 부모의 신체적·정신적 학대는 공포와 불안으로 뒤범벅되어 또렷하고 선명한 기억으로 남아 성인이 된 지금까지도 학수를 괴롭히고 있었다.

맞은 사람만 있고
때린 사람은 없다 ◆

심리 상담을 하다 보면 자연스럽게 과거의 일을 되짚어보게 된다. 과거를 거슬러 올라가다 보면 놀랍게도 많은 사람이 어린 시절 부모, 특히 아버지에게 매를 맞았던 경험을 털어놓는다. 물론 자신이 잘못했기 때문에 아버지가 체벌했을 것이라며 이해하고 넘기는 사람도 있지만, 때로는 아버지를 용서할 수 없다면서 울분을 터트리는 사람도 꽤 있다. 그런 경우에 상담사인 내가 부모의 입장을 아주 조금만 대변하려 해도, 나에게 분노를 퍼붓는 사람도 적지 않다. 그만큼 해결되지 못한 상처가 크다는 증거이리라.

만약 내담자가 심리 상담을 통해 해결하고자 하는 문제가 가족 갈등이나 대인관계 고민이 아니라면, 대부분의 상담자들은 어릴 적 부모로부터 상처받은 이야기를 깊이 있게 다루지 않는다. 내담자들 역시 어차피 지나간 일이고, 지금은 서로 이해하고 잘 지내고 있는 부모와의 관계를 굳이 흔들고 싶지 않다고들 말한다. 그것도 나름 관계 유지를 위한 좋은 방법이라고 생각한다.

하지만 가족 갈등이나 대인관계 문제를 상담 주제로 찾아왔을 때 상황이 달라진다. 가족 갈등을 해결하고 싶다면 당연히 과거의 사건을 면밀히 살펴봐야 한다. 현재의 갈등이 과거에서부터 시작된 경우가 많기 때문이다. 또한 과거의 여러 사건 중에 부모로부터 당한 억울한 체벌은 중요하게 다뤄야 할 경험이기도 하다.

대인관계에 대한 고민을 해결할 때도 부모, 특히 아버지와의 갈등 문제를 살펴보고 풀어야 한다. 미국의 저명한 임상심리학자로 가족관계를 오랫동안 연구했으며 현재 라이프 코치로 활동 중인 폴터 S. B. Poulter는 《모든 인간관계의 핵심 요소 아버지》라는 책에서 아버지와의 관계 경험이 성인이 된 이후로 맺는 인간관계에서 핵심 요소라고 주장했다. 즉 어린 시절에 아버지와 어떤 식으로 관계를 맺었는가를 이해하면, 지금의 대인관계 패턴을 이해할 수 있다는 것이다. 단편적으로 말하자면 어린 시절 무뚝뚝하거나 권위적이고 폭력적인 아버지를 경험했던 사람은 성인이 되어서도 사람들과 친밀한 관계를 맺기 어려워하고, 아버지와 친구처럼 소통하며 지냈던 사람은 누구를 만나도 쉽게 친해지고 어울릴 수 있게 된다는 것이다.

내담자에게 현재 경험하는 대인관계의 어려움을 해결하기 위해 먼저 아버지와의 관계부터 개선해보자고 설득하면, 내담자는 관계 개선 이전에 아버지의 체벌과 학대로 받았던 마음의 상처부터 해결하고 싶다고들 말한다. 그러면서 아버지에게 왜 어린 나를 그렇게 무자비하게 때렸느냐고 따지고 싶고, 사과받고 싶다고 한다. 하지만 안타까운 건, 그동안의 상담 경험으로 볼 때, 자녀가 과거 일에 대해 사과를 요구하면 부모들은 자녀의 감정을 알아주

고 공감하며 사과하기보다는 자기변명에 급급한 경우가 많다는
점이다.

　자녀들은 이런 부모의 태도에 더 크게 상처받는다. 그래서 심리
학자인 내 입장에서는 굳이 과거 일을 꺼내지 말고 현재에 집중
해보자고 제안하지만, 대부분은 과거 일을 짚고 넘어가고 싶다고
한다. 아버지만 보면 그때 일이 생각난다면서, 이참에 그 끔찍한
일을 기억에서 털어버리고 싶다고 말한다. 자기가 아무리 큰 잘못
을 했어도 사리분별을 제대로 하지 못하는 어린아이였으니 설명
과 설득을 했어야 했고, 체벌하더라도 아이가 감당할 수준이었어
야 한다고 말한다.

　그것은 누가 봐도 타당한 생각이다. 자녀들은 나름의 확실한 논
리를 가지고 기세등등하게 부모를 만나러 간다. 마치 경찰이 도둑
을 잡으러 가는 것처럼, 도둑을 잡아 무릎을 꿇리고 자백을 받아
내겠다는 태도로 자녀들은 부모를 대한다. 왜 자신을 그렇게 때렸
냐고 따지면서 사과를 요구한다. 하지만 부모로부터 돌아오는 반
응은 다음 둘 중의 하나다.

　"내가 너한테 뭘 그렇게까지 심하게 했다고 그러니! 난 기억이 하
나도 안 난다."

　"요즘이야 애들 안 때리고 키우지만, 너 어렸을 때는 다 그렇게
컸어. 네 친구들한테 물어봐. 부모한테 안 맞고 큰 애가 어디 있나!"

물론 간혹 자녀에게 미안하다고 이전 일에 대해 사과하는 부모도 있다. 그런데 이런 분들도 대부분 사과는 짧게 한마디로 끝내고, 자신이 그때 그럴 수밖에 없었다는 식의 자기변명과 변호를 길게 늘어놓는다. 그러면서 자신은 어쩔 수 없었다고, 그렇게 큰 잘못은 아니지 않느냐고 말한다. 결국 부모에게 책임을 묻고 사과받으러 갔다가 자신의 끔찍했던 기억에 대해 누구도 책임지지 않는다는 비참한 사실만 확인하고 돌아온다.

그렇다면 왜 부모들은 자녀가 평생을 괴로워하고 있는 과거의 체벌과 신체적 학대에 대해 기억하지 못하거나 또는 잘못이라고 크게 뉘우치지 않는 것일까? 이는 우리나라의 세대차와 관련 있다. 한국은 전 세계에서도 유래가 없을 정도로 세대차가 크다. 빠른 사회 변화에 따라 삼대가 전혀 다른 배경과 문화를 경험했다. 지금 30~40대를 기준으로 따져보자면, 보통의 경우 이들의 조부모80~90대는 농사를 짓고 살았고, 부모60~70대는 공장에서 일했다. 그리고 30~40대인 자신들은 IT회사에 다닌다. 다시 말해 세대 간에 농경 사회, 산업화 사회, 정보화 사회라는 전혀 다른 세상에서 성장하고, 일하고, 살고 있는 것이다. 그 때문에 정치적 성향도, 삶의 기준도, 관계에 대한 개념도 완전히 다르다. 무엇보다 가정생활과 자녀 양육에 대한 가치관은 더 크게 차이가 난다.

조부모 시대는 자식의 성공을 위해 체벌하는 것을 당연하게 여겼다. 자녀를 키울 때 때리지 않으면 사랑하지 않거나 내놓은 자식이라고들 생각했다. 이 시대엔 가정 안에서의 폭력이 허용되었다. 비단 부모가 자식에게 행하는 폭력뿐 아니라 남편이 아내에게 행하는 폭력도 사회적으로 정당화되었고, 놀랍게도 장려되기도 했다.[여자와 북어는 삼일에 한 번씩 패야 맛이 좋아진다"는 표현은 1980년대 신문에도 등장할 정도로 상당히 잘 알려진 관용어구였다.]

그러다가 부모 세대부터 조금씩 변화의 바람이 불었다. 일례로, 공처가와 애처가 논쟁을 들 수 있다. 즉 남편은 아내가 무서워서 잘해주느냐, 아니면 아내를 사랑해서 잘해주느냐의 논쟁이었다. 또 자녀들에 대한 체벌도 이전보다는 제한적으로 이루어졌다. 물론 '사랑의 매'는 당연시되었고, 학교에서 교사의 체벌도 허용되었다. 성적 하락과 같은 정당한 이유가 있다면 체벌이 가능하다는 분위기였다.

하지만 지금 어린 자녀를 키우는 30~40대의 생각은 전혀 다르다. 자신들은 어린 시절에 맞고 자랐지만, 어떤 이유가 있더라도 폭력은 정당화될 수 없다고 생각한다. 당연히 자녀를 매로 다스리지 않겠다고 다짐한다. 이런 시대 변화를 반영하듯 민법 일부 개정 법률안이 2020년 10월 국무회의에서 통과되었고, 2021년 1월 국회 본회의에서 의결되면서 민법 915조 조항이 삭제되었다. 1958년 제정된 민법 915조에는 "친권자는 그 자를 보호 또는 교양하기 위하여 필요한 징계를 할 수 있고"라는 내용이 있었다. 이 때문에 이전엔 부모가 자녀를 체벌하거나 학대하더라도 형사 입

건할 수 없었다. 그러나 이제는 더 이상 부모의 체벌과 학대가 법적으로 정당화될 수 없다.

이 말은 뒤집어 생각하면 부모의 체벌을 학대라고 여기는 지금의 분위기과 다르게, 예전엔 체벌과 학대가 당연시되었다는 것이다. 이 때문에 부모를 찾아가서 과거의 일을 따져도 진심으로 사과받지 못하는 것이다. 결국 피해자만 있고 가해자는 없는 셈이다. 이런 상황에서 피해자가 느끼는 억울함은 과거의 기억을 더욱 선명하게 만드는 원인이 된다.

만약 기억 능력에
문제가 생긴다면 .

많은 이들이 심리학이라고 하면 온갖 정신장애를 진단하고 상담을 통해 치료하는 학문 정도로 알고 있다. 그러나 사실 상담과 심리치료는 심리학의 한 분야일 뿐이다. 그것도 주요 분야가 아니라 주변 분야다. 물론 당장 직업과 연결되는 이점이 있기에 다수의 심리학자들이 상담과 심리치료 분야에 종사하는 것은 사실이지만, 학문 자체의 영향력을 놓고 본다면 주요 분야는 아니다.

그렇다면 심리학의 주요 분야는 무엇일까? 인지심리학이다. 인

59

어떻게 부모가 그럴 수 있죠?

간의 정신과 사고 과정을 과학적으로 접근하는 분야다. 심리학의 창시자라고 불리는 분트$^{Wilhelm\ Wundt}$는 1879년 독일 라이프치히대학교에 심리학 실험실을 설립했다. 이 실험실에서 그는 사람들을 불러놓고 각종 실험을 했다.

실험은 주로 인간의 시지각 능력과 기억에 관한 것이었다. '사람이 세상을 어떻게 인식하고 기억하느냐'의 문제는 오랜 시간 철학자들의 몫이었다. 철학의 인식론이 이런 문제를 다루고 있다. 그런데 인식론을 사변적으로만 접근해왔던 기존의 철학과 달리 자연과학의 방법을 이용하여 접근하려는 새로운 흐름이 생겨났다. 이것이 현대 심리학의 시작이다. 그리고 이 전통을 지금도 잇고 있는 분야가 인지심리학이다. 인지심리학에서 다루는 주제는 기억, 사고, 정서, 판단, 추리, 언어 등으로 인간의 정신 과정에서 일어나는 일을 다룬다. 인지심리학은 요즘 화두가 되고 있는 인공지능의 기초지식을 제공하고 있기도 하다.

인지심리학에서 다루는 여러 주제 중에 심리학자들이 가장 많은 관심을 갖고 연구하는 것은 '기억'이다. 한마디로 기억은 심리학에서 가장 핵심적이고, 중요한 연구 주제라고 할 수 있다. 특별히 '나쁜 기억'은 심리학자들이 특별히 관심을 보이는 주제이기도 하다.

학수의 이야기를 심리학적으로 분석하고 이해하기 전에 먼저 심리학에서 기억을 어떻게 다루고 있는지를 알아보자. 기억은 인간의 삶에서 너무나 당연한 전제다. 기억이 없으면 사람이 사람답게 살지 못할 것이다. 내가 이 책을 쓰는 것도 기억 덕분이다. 학부와 대학원에서 배웠던 수업 내용, 읽었던 책과 논문을 기억하기 때문에 책을 쓸 수 있다. 당신이 이 책을 읽을 수 있는 것도 기억의 영향이다. 글자의 뜻을 기억하지 못하거나 책을 다 읽은 후에도 어떤 내용인지 기억하지 못하면 책을 읽어야 할 이유를 찾지 못할 테니 말이다.

기억은 개인에게만 중요한 것이 아니다. 인류 문화 발전의 원동력이다. 사람들은 자신의 경험을 기억해서 기록으로 남긴다. 후대는 기록을 읽고 기억해서 더 나은 방법을 추구한다. 그리고 자신의 실패를 기억해서 발판으로 삼는다. 이런 과정이 결국 발전을 가능하게 하는 것이다.

만약 인간에게 기억 능력이 상실된다면 어떤 일이 벌어질까? 개인은 자신의 삶을 살 수 없고, 사회는 온전하게 유지될 수 없으며, 세상은 혼돈과 혼란에 빠져버릴 것이다. 기억에 문제가 생길 때 어떤 일이 벌어질 수 있을지 예상해볼 수 있는 영화가 있다. 크리스토퍼 놀란Christopher Nolan 감독의 영화 〈메멘토〉다. 이 영화의 주인공인 레너드는 아내가 마약에 찌든 강도에게 강간당하고 살해당한 그날의 충격으로 인해 기억을 만들어내지 못하게 된다. 그는 자신의 기억을 대체하기 위해 끊임없이 메모하고 사진 찍고, 자신의 몸에 문신을 한다. 이 영화는 현재 사건과 과거 사건이 교차되어 나오기 때문에, 관객들은 극의 전개를 이해하는 것이 처음엔 쉽지 않다. 영화를 보는 내내 혼란을 겪으면서 도대체 뭐가 뭔지 모르겠다고 말하기도 한다. 어쩌면 기억에 문제가 생긴 주인공이 겪는 혼란스러움을 관객들도 일정 수준으로 경험하도록 만든 감독의 의도가 아닐까 싶을 정도다.

어쨌든 이 영화를 보다 보면 의문이 생긴다. 주인공은 기억에 문제가 있는데 어떻게 여전히 글을 읽고 쓸 줄 알며 운전도 할 수 있을까? 이런 활동 역시 기억에 근거하는데 말이다. 또한 자신의 아내가 살해당했다는 사실도 기억한다. 기억에 문제가 있다면 완전히 모든 것을 잊어야 하는 게 아닌가 의구심이 드는 거다. 정확히 말하자면, 레너드는 사건이 발생하기 이전의 경험은 기억할 수 있지만, 사건 이후의 경험은 기억에 남지 않고 사라지는 증상을 겪고 있다. 이 증상을 단기 기억상실증이라고 한다. 단기 기억이라는 말은 인지심리학자들이 오랜 연구를 통해 밝혀낸 인간의 기억 체계 중 하나다.

인간의 기억은 세 개의 저장소로 이루어져 있다. 단기 기억short-term memory, 장기 기억long-term memory, 그리고 감각 기억sensory memory이다. 하나씩 간단히 설명해보겠다. 감각 기억은 뇌에 존재하는 것이 아니라 감각기관에 존재하는 기억이다. 외부에서 우리의 뇌로 자극을 보내기 위해서는 감각기관을 거쳐야 하는데 이 감각기관을 감각 기억이라고도 한다. 이를 기억이라고 하는 이유는 아주

짧지만 일정 시간 동안 정보가 머무르기 때문이다.

혹시 다른 그림 찾기를 해본 적이 있는가? 그때를 떠올려보자. 당신은 비슷하게 보이는 두 그림에서 서로 다른 부분을 어떻게 찾아내는가? 아마도 하나의 그림을 자세히 보아 완전히 기억한 후에 옆에 있는 그림을 뚫어지게 쳐다보면서 다른 부분을 찾아내지는 않을 것이다. 그냥 아무 생각 없이 두 그림을 재빠르게 번갈아 보다 보면 왠지 모르게 이상한 느낌이 드는 곳이 있을 것이고, 그곳을 자세히 살펴서 두 그림의 다른 점을 발견하게 된다.

이런 방식으로 다른 그림을 찾을 수 있는 것은 감각 기억 덕분이다. 첫 번째 그림을 쳐다보는 순간 안구 뒤쪽 망막의 시각 세포가 흥분하게 된다. 그 흥분^{감각세포의 기억}이 사라지기 전에 빠르게 두 번째 그림을 쳐다보면 다르게 흥분하는 세포가 있다. 물론 이것을 의식적으로는 알아채지 못하고, 이상한 느낌 정도로만 알아차린다. 이때 그림을 자세히 쳐다보면 다른 부분을 발견할 수 있다. 이처럼 감각기관에도 잠시 동안이지만 정보가 머무르기 때문에 기억이라고 말할 수 있다.

감각 기억은 감각기관에 존재하지만, 나머지 두 개의 기억 시스템은 뇌에 존재한다. 이름을 단기와 장기라고 하는 것은 기억이 유지되는 시간에 따라서 구분해서다. 먼저 단기 기억은 감각기관에서 들어온 정보를 처리하는 곳으로 정보가 20~30초 정도 유지된다. 이때 주의를 기울여서 해당 정보의 의미를 곱씹어보거나 기계적으로라도 반복하면 장기 기억으로 넘어가고, 그렇지 않으면 사라진다. 단기 기억은 단지 정보를 잠깐 동안만 가지고 있는 것이 아니라, 여기서 다양한 정신활동이 일어나기 때문에 요즘에는 작업 기억working memory이라고도 말한다.

예를 들어 통화하던 중에 친구가 최근에 방문한 맛집 이야기를 했다고 하자. 이때 곧바로 전화통화를 끊고 인터넷으로 맛집을 검색해서 맛집에 대한 리뷰를 살펴보는 과정을 거치면, 해당 맛집에 대한 정보는 장기 기억으로 넘어가게 된다. 그래서 나중에라도 그 맛집을 기억했다가 찾아갈 수 있다. 그런데 맛집에 집중하지 않고 계속 통화하면서 다른 이야기로 넘어가 이야기를 모두 마치고 전화를 끊으면, 친구가 조금 전에 말한 맛집이 어디였는지 전혀 기억나지 않을 수 있다. 정보가 단기 기억에 머물러 있다가 그냥 사라진 것이다. 이처럼 우리의 기억은 하나의 시스템이 아니라 세개의 시스템으로 이루어져 있다. 이를 가리켜서 기억의 중다저장 모형multi-store model of memory이라고 한다.

영화 〈메멘토〉의 주인공은 정보가 단기 기억에서 장기 기억으로 넘어가는 데 문제가 생긴 것이다. 즉 새로운 기억을 만드는 것이 불가능한 상태다. 이를 가리켜 순행성 기억상실증anterograde amnesia 혹은 단기 기억상실증이라고 한다. 정말 이러한 상실증이 가능한 걸까? 영화에서는 끔찍한 사건의 충격으로 이런 증상을 겪게 된 것으로 나오지만, 실제로는 거의 불가능한 일이다. 단순히 충격만으로 단기 기억상실증을 겪기는 어렵다는 게 학계의 중론이다.

심리적 충격으로 발생할 수 있는 기억상실증은 장기 기억상실증이다. 과거의 경험을 기억하지 못한다고 해서 역행성 기억상실증retrograde amnesia이라고도 한다. 심리적 충격으로 자신이 누구인지, 어떤 사람이었는지 과거를 모두 잊어버리는 기억상실증은 대중의 심리를 자극할 만큼 흥미로워서 영화나 드라마의 소재로 사용되지만, 이 역시 굉장히 드물게 나타난다. 심리적 충격보다는 사고로 인한 뇌손상이나 뇌질환 등으로 발생하는 게 일반적이다.

장기 기억상실증뿐 아니라 단기 기억상실증 역시 뇌손상과 관련해서 나타날 수 있다. 심리학 개론서에 단골로 나오는 'H.M.'이라는 가명의 주인공이 그 증거다. 이 사람의 본명은 헨리 몰레이슨Henry Molaison이다. 2008년 그가 사망하기 전까지는 사생활 보호를 위해 H.M.으로만 알려졌다가 이후에 실명이 공개되었다.

원래 그는 뇌전증, 즉 간질 발작으로 고통받던 사람이다. 참고로 간질은 뇌의 한 부분에서 시작된 이상 전기 신호가 뇌 전체를 덮어버리기 때문에 생기는 것이다. 요즘엔 약물치료로 간질 발작이 일어나지 않게 하지만, 그가 집중적으로 치료를 받았던 1950년대는 제대로 된 약물이 없었다. 그래서 주치의의 제안으로 이상 전기 신호가 발생한다고 여겨지는 뇌의 일부분을 제거하기로 했다. 마치 암세포를 제거하듯이 뇌세포를 제거해 치료한다는 생각이었다. 지금은 뇌에 종양이 있지 않고서는 뇌의 일부분을 제거하지 않는다. 당시에는 뇌에 대한 이해가 부족했기에 가능했던 것이다. 일단 수술은 성공적으로 끝났다. 두개골을 열어서 뇌의 일부를 제거했고 봉합도 잘 끝났으며, 환자도 의식을 되찾았다. 다행히 간질 발작도 현저히 줄었다.

그런데 예상하지 못한 문제가 생겼다. 수술 이후에 벌어진 일에 대해서는 30초 이상 기억을 못하게 된 것이다. 수술 이전에 만난 사람들은 잘 기억했으나, 수술 이후에 만난 사람과는 통성명을 했음에도 다음 날이면 처음 보는 사람처럼 대했다. 오늘 읽은 책도 다음 날 자고 일어나면 그에게는 새 책이었다.

이 때문에 심리학자들과 뇌과학자들은 그를 대상으로 수많은 연구를 진행했고, 새로운 기억을 만들지 못하는 순행성 기억 상실의 원인이 뇌의 안쪽 부분에 있는 구조물인 해마hippocampus를 제거했기 때문이라고 결론 내렸다. 이를 계기로 단기 기억에서 장기 기억으로 정보를 보내는 부위, 인간의 장기 기억을 만드는 뇌 부위가 해마라는 사실이 증명되었다.

억울함으로
강화되는 기억 ◆

        우리를 힘들게 하는 나쁜 기억은 세 종류의
기억 시스템 중에 어디에 위치해 있을까? 바로, 장기 기억이다.
우리의 감각기관을 통해 들어온 정보가 단기 기억에 잠시 머물다
가 장기 기억으로 넘어가지 않으면 기억조차 할 수 없게 된다. 마
치 영화 〈메멘토〉의 주인공이나 의료진의 잘못된 판단으로 해마
를 제거당한 H.M.의 사례에서처럼 말이다. 나쁜 기억은 단기 기
억에서 장기 기억으로 넘어왔기 때문에 사라지지 않고 우리를 힘
들게 하는 것이다.

   "저는 대체 언제까지 이 기억 때문에 힘들어야 하나요?"

   학수처럼 과거에 경험한 힘들고 상처받았던 기억 때문에 이렇게
말하는 사람들이 간혹 있다. 이 말이 답을 얻기 위해서 하는 질문
이 아니라 힘든 마음을 호소하는 하소연이라는 걸 알기에, 심리학
자인 나는 이들의 마음을 충분히 공감해주고 이해하려고 한다.
   그런데 이 하소연을 질문으로 바꿔 살펴보자면 다음처럼 받아
들일 수도 있을 것이다.

"도대체 장기 기억의 지속 시간은 얼마나 되나요?"

단기 기억의 지속 시간이 20~30초라면, 장기 기억에도 지속 시간이 있을 거라고 생각하는 건 자연스러운 일이다. 물론 10년이나 20년 정도로 단기 기억에 비해 수만 혹은 수백만 배 길다고 하더라도 분명히 잊혀진다는 확신만 있다면, 지금의 끔찍한 시간을 버틸 만한 동기가 될 수 있다. 하지만 안타깝게도 심리학자들의 연구에 따르면, 장기 기억의 지속 시간은 영구적이다. 영원하다는 소리다. 즉 우리가 죽지 않고 살아 있는 한, 장기 기억은 사라지지 않는다.

장기 기억이 영구적이라는 사실을 못 믿는 사람들도 있을 것이다. 자신이 학창시절에 열심히 외우고 익혀서 시험까지 잘 보았던 과목의 내용이 지금은 전혀 기억나지 않고, 옛날에 친했던 친구들의 얼굴과 이름도 전혀 생각나지 않는다면서 말이다.

물론 암송을 통해 단기 기억에서 장기 기억으로 넘어갔던 모든 정보가 내가 원할 때 모두 인출되는 것은 아니다. 어떤 정보들은 아무런 단서 없이도 인출되지만, 어떤 정보들은 단서가 있어야 인출된다. 당신이 과거에 좋은 성적을 받았던 과목의 내용이 지금 당장 생각나지 않는다고 해서 장기 기억에서 사라진 것은 아니다. 그 증거로, 당신에게 한 번도 배워본 적이 없는 내용과 과거에 배웠던 내용을 동시에 주고, 어느 것을 배웠는지 묻는다면 어떨까?

당연히 배웠던 내용을 빈 종이에 술술 적지 못하더라도, 해당 내용을 눈으로 보면 제대로 골라낼 수는 있을 것이다.

사람의 얼굴과 이름도 마찬가지다. 수십 년 전에 알고 지냈던 친구의 생김새를 묘사하거나 이름을 정확하게 기억해내지는 못할 수 있다. 하지만 전혀 모르는 사람의 사진과 과거에 친하게 지냈던 친구의 사진을 주고 어느 쪽이 친구였을 것 같으냐고 물어보면 대부분은 알아보고 골라낸다.

그래서 심리학자들은 장기 기억에 들어간 내용을 지금 당장 기억해내지 못하더라도 기억했던 내용이 사라진 것은 아니라고 말한다. 영구적으로 존재하지만, 지금 당장 인출하지 못할 뿐이라는 것이다. 이러한 현상을 인출 실패retrieval failure라고 한다. 인출에 성공하기 위해서는 적절한 단서만 있으면 된다.

어쨌든 장기 기억의 지속 시간이 영구적이라는 것은 심리학계에서 더 이상 증명할 필요가 없는 분명한 사실인 셈이다. 그런데 여기서 한 가지 의문점이 생길 수 있다. 애써도 잘 떠오르지 않는 기억과 애쓰지 않아도 자주 떠오르는 기억의 차이는 무엇일까? 학수는 부모로부터 학대를 당한 지 20년이 지난 후에도 그날의 사건이 또렷하게 생각난다. 게다가 수시로 말이다. 뉴스에서 아동학대 사건 소식만 접하면 몇날 며칠은 아버지에게 몽둥이로 두들겨 맞던 그때의 일이, 발가벗겨져서 거리로 쫓겨났던 일이 계속 생각나서 고통스럽다. 그러나 학수는 그 당시 학교를 같이 다녔던

69

친구들의 이름이나 학교에서 배웠던 수업 내용은 잘 생각이 나지 않는다. 물론 적절한 인출 단서를 주면 어렴풋하게는 기억나겠지만 말이다.

이 두 기억의 차이는 무엇일까? 바로, 감정이다. 감정이 강렬했던 경험은 선명한 기억으로 남고, 감정이 약했던 경험은 흐릿한 기억으로 남는다. H.M.의 사례에서 알 수 있듯이 단기 기억을 장기 기억으로 보내는 역할을 하는 뇌 부위는 해마다. 이 해마는 편도체amygdala와 맞닿아 있다. 편도체는 우리의 감정 반응과 직접적으로 관련되어 있는 부위다. 편도체가 손상되었을 경우 불안과 공포 같은 정서 반응이 현저히 줄어들고, 편도체를 인위적으로 활성화시키면 공격성이 크게 증가한다는 연구 결과도 있다.

정서 반응의 중추라고 할 수 있는 편도체가 기억을 담당하는 해마와 맞닿아 있기 때문에 강렬한 정서가 동반된 경험일수록 선명하게 기억에 남는다. 생각해보면, 일상에서 별다른 감정 없이 경험하는 일은 시간이 지나면 기억이 잘 나지 않는다. 그런데 좋았거나 슬펐거나 화가 났거나 무서웠던 경험은 기억이 잘 난다. 또한 오랫동안 기억에 남는다.

그런데 기억이 처음 만들어질 때만 정서가 중요한 것이 아니다. 첫 경험 이후 나중에 해당 기억을 떠올릴 때도 감정은 여전히 중요하다. 기억을 떠올릴 때마다 감정을 크게 느끼면, 더 선명하게 장기 기억에 자리를 잡는다. 더 선명해진 기억은 더 자주 떠오르게 되고, 그럴 때마다 더 강렬한 감정을 느끼고, 이는 다시 더 선명한 기억으로 자리를 잡는 악순환이 계속된다.

특히 학수처럼 어린 시절에 부모한테서 체벌과 폭행, 학대를 당했던 사람은 그때의 일에 대해 부모에게 항의하거나 사과를 요구하는 과정에서 이러한 악순환이 계속될 수 있다. 과거의 일을 떠올리는 것만으로도 이미 불안하고 무섭고 힘든 감정을 느낄 것이다. 그런데 자신에게 고통을 주었던 부모를 찾아가서 그 일을 다시 말하면서 감정이 더 커져서 힘들어진다. 물론 이때 부모가 진심으로 과거의 그 일에 대해 사과하고 그 마음을 어루만져주면, 자녀 역시 부모의 사과를 받아들여서 부정적인 감정이 상당 부분 누그러지고 악순환이 더 이상 발생하지 않는다.

그러나 이러한 아름다운 결말은 흔하지 않다. 대부분의 사람은 잘못을 지적받았을 때 자동적으로 자신의 입장을 항변하고, 방어하기 위해 책임을 회피한다. 그러면 피해자는 더 크게 분노감을 느낄 수밖에 없다. 부모가 기억이 안 난다고 모른척하거나, 예전엔 다 그렇게 자식을 키웠다면서 잘못을 인정하지 않으면, 과거의 고통스러운 감정에다가 현재의 분노까지 더해질 수밖에 없다. 과거의 안 좋았던 기억을 떠올린 상황에서 격정적인 감정마저 느끼면, 나쁜 기억이 더욱더 선명하게 마음에 자리를 잡을 뿐이다.

나를 위해
시작해보는 용서 ◆

어린 시절에 부모로부터 체벌과 학대를 받았던 사람들이 끔찍한 기억에서 벗어나기 위해서는 무엇이 필요할까? 가장 좋은 방법은 부모에게 과거의 일에 대해 사과받고, 자신이 겪어야 했던 공포와 슬픔에 대해 공감받는 것이다. 하지만 앞에서 설명한 것처럼 쉽지 않은 일이다.

그러면 부모와의 관계에서 경험한 과거의 감정이 쉽게 해결되지 않는다고 해서 끔찍한 기억에서 벗어나는 걸 포기해야 할까? 아니, 당연히 그럴 수는 없다. 혼자서라도 해볼 수 있는 방법이 있다. 용서다.

"용서하라고요? 난 절대 안 해요! 평생 그 사람을 원망하고 저주해야 그나마 속이 시원할 텐데, 용서라니! 언젠가 복수할 거예요. 내가 고통받은 만큼 그 사람도 고통받아야 해요!"

용서를 권하면 사람들은 보통 이렇게 반응한다. 물론 다 이해되는 말이다. 그럼에도 불구하고 용서를 권하는 가장 중요한 이유는 고통받는 나 자신을 위해서다. 잘못한 사람이 그 대가를 치렀으면 좋겠다는 소망은 당연하다. 하지만 문제는, 내가 용서하지 않아도

72

나를 괴롭게 만든 그 사람은 전혀 고통스럽지 않는다는 데 있다. 언제나 나만 고통스럽다.

왜 그럴까? 그 사람을 원망하고 저주할 때 우리는 과거의 기억을 떠올리게 된다. 그 기억은 과거의 분노와 두려움, 슬픔과 불안, 우울이라는 감정과 함께 떠오르기에 다시 한번 그때의 일이 재현되는 것 같은 심리 상태가 된다. 정작 고통받아야 하는 가해자는 그 일을 잘 떠올리지도 않고, 만약 떠올린다고 해도 피해자만큼의 감정을 느끼지 못한다. 용서를 통해 과거의 기억을 떠나보내지 않으면 가해자보다 피해자가 더 고통받는 모순이 발생하는 거다.

그래서 너무 속상한 마음에, 이 모순을 해결하기 위해 가해자를 찾아가 자신이 받았던 고통을 똑같이 되돌려주려고 한다. 성폭행 피해자는 가해자나 가해자의 가족을 대상으로 성범죄 계획을 세우고, 어린 시절 부모에게 학대받았던 이들은 노인이 된 부모를 학대하려 한다.

이렇게 직접적인 복수를 한다고 과연 과거의 기억이 사라지고 그때의 힘들었던 감정이 해소될까? 당신이 사이코패스라면 모를까, 앞서 언급했던 나쁜 기억의 악순환이 더욱 가속화될 뿐이다. 과거의 기억을 반복해 떠올리면서 새로운 부정적 감정까지 느끼게 되어, 나쁜 기억은 더욱 강화된다. 더불어 법적인 문제로 처벌까지 받을 수 있다. 과거에 해를 입혔던 사람의 범죄 행위는 공소시효가 지나고 물증이 없어서 처벌을 피할 수 있지만, 지금 저지른 잘못은 처벌의 대상이 된다. 결국 심리적으로나 현실적으로 복수는커녕 더 큰 고통의 굴레로 빠져든다.

우리가 누군가를 미워하는 건 상당한 에너지를 소모하는 일이다. 마음의 여유를 잃어버리게 되고, 행복과 즐거움을 외면하게 된다. 얼마나 큰 손실인가? 더 이상 과거의 일로 지금, 그리고 앞으로의 삶을 망쳐서는 안 된다. 그래서 용서가 필요하다.

미국의 임상심리학자 에버렛 워딩턴Everett Worthington은 오랜 시간 연구를 통해 용서가 가진 치유의 힘을 확인했다. 어릴 적에 그는 어머니가 강도에게 살해당하는 경험을 했다. 이 일로 분노에 사로잡혔고, 그 분노 때문에 고통을 받았다. 그러던 어느 날, 마음의 분노가 나 자신을 죽이고 있다는 걸 깨닫게 되었고, 자신이 살기 위해서 강도를 용서해야겠다는 결심에 이르게 되었다. 그는 이를 계기로 용서를 연구하기 시작했다. 자신의 책 《용서와 화해》에서 용서에 도달하는 다섯 단계를 제안했다. 그 첫 글자를 따면 REACH가 된다.

용서의 첫 번째 단계는 과거의 일을 회상Recall하는 것이다. 생각하고 싶지 않은 기억을 떠올리는 건 매우 고통스럽고 힘들지만, 진정한 용서를 위해서는 우선 과거로 돌아가야 한다. 당연한 말이지만 치유를 위해서는 자신의 상처를 인정해야 한다. 의도적으로 내가 그 일을 회상하면서, 기억을 지배하겠다고 결심하는 것이다. 더는 자신을 과거에 묻혀 버린 무기력한 피해자로 두지 않겠다는 결심 말이다.

두 번째 단계는 가해자의 입장에 공감Empathize하는 것이다. 공감이란 상대를 감정적으로 이해하는 것이다. 인지적이고 논리적으로 그럴 수 있겠구나가 아니라, 상대가 그때 왜 그랬는지, 어떤 감정이었는지를 생각해보는 것이다. 워딩턴은 이를 위해 빈의자 기법을 제안한다. 두 개의 의자를 가져다 놓은 후, 하나는 내가 앉고 앞의 빈 의자에 나에게 고통을 주었던 가해자가 있다고 가정한다. 먼저, 빈 의자를 향해 하고 싶은 말을 쏟아낸다. 비난이든, 욕이든, 사과를 요구하는 것이든 무슨 말이든 해도 좋다. 그 다음엔 가해자의 의자로 옮겨 앉아서, 가해자의 입장에서 변호해본다. 이때 가해자가 당시에 느꼈을 감정에 초점을 맞추는 것이 중요하다.

사실, 대부분의 폭력과 학대는 상대방을 감정이 있는 존재 또는 존중받아야 할 인격체로 보지 않고, 어떤 역할과 기능을 해야 하는 대상으로만 볼 때 발생한다. 학수의 부모는 학수를 훈육해야 하는 대상, 잘못에 대하여 무조건 벌 받아야 할 대상으로 보았다. 이때부터 학대가 시작되었다. 물론 세상을 살아가려면 필연적으로 각자가 어떠한 역할과 기능을 해야 하는 건 맞지만, 이것이 너무 지나쳐 극대화되면 문제가 발생한다.

하지만 상대방을 대상화하는 실수는 폭력과 학대를 저지른 가해자만 하는 잘못이 아니다. 피해자 역시 사건 이후에 가해자를 감정이 있는 사람으로 보지 않고, 잘못에 대하여 무조건 처벌을

75

받아야 할 대상으로만 취급하는 경향이 있다. 이런 대상화를 뛰어넘어 가해자를 감정을 가지고 있는 존재로, 범죄자가 아니라 인격체로 이해해보자는 것이다. 이 두 번째 단계는 정말 실천하기 어려운 것이지만, 매우 의미 있는 작업이다.

세 번째 단계는 상대를 위해 선물^{Altruistic gift}을 주는 것이다. 워딩턴은 우리 인간은 모두 과거에 누군가에게 의도했든, 의도하지 않았든 간에 피해를 끼쳤을 것이라고 말한다. 그런데도 그들이 용서해주었기에 지금의 우리가 있다면서, 잘못을 저지른 사람에게 용서라는 선물을 주자고 말한다. 물론 타당하고 일리 있는 말이다. 그런데 아직 자신이 피해자이고, 가해자에 대한 미움이 남아있다면 상대를 위한 용서란 선물을 주는 것이 어려울 수 있다. 그래서 나는 사람들에게 '이타적이지만, 한편으로는 나를 위한 선물'을 주자고 권한다. 용서란 어쩌면 상대방을 위한 것이 아니라, 결국엔 나를 위한 것이기 때문이다.

네 번째 단계는 실천^{Commit}이다. 용서하기로 결심했으면 이제 실천에 옮겨야 한다. 가능하면 이 과정을 실제 기록으로 남기는 것이 좋다. 그 사람을 염두에 두고 용서가 담긴 편지를 쓰거나^{직접 보내지 않아도 된다} 자신의 일기장에 기록하는 것도 좋다. 또는 자신이 경험한 과거에 힘들었던 사건을 알고 있는 지인들 앞에서 가해자를 용서하기로 했다고 말하는 것도 좋다. 어쨌든 분명하게 행동으로 옮겨보는 거다.

마지막 다섯 번째 단계는 용서하는 마음을 지키는^{Hold} 것이다.
용서했다고 곧바로 과거의 고통스러운 기억이 사라지지는 않는
다. 언제든 다시 공포와 슬픔, 두려움과 우울감에 압도당할 수 있
다. 그리고 다시 나를 힘들게 만든 가해자에 대한 원망과 분노가
생길 수 있다. 이때마다 용서했다는 사실을 떠올려야 한다. 그 사
람을 위해서가 아니라 나를 위해 용서했고, 더는 과거의 일이 현
재의 나를 망치지 않도록 용서하겠다는 결심을 굳게 다잡아야 한
다. 과거의 일을 떠올릴 때마다 용서의 작업을 계속 하다 보면 부
정적인 감정의 크기가 조금씩 작아지는 걸 경험할 수 있다. 나쁜
기억의 선명도가 조금씩 흐려지기 시작할 것이다.

굳이 관계를
회복하지 않아도 ◆

만약 나를 힘들게 했던 사람을 도저히 용서
하지 못하겠다는 생각이 계속 든다면, 다음의 장애물에 걸려 있는
건 아닌지 확인해볼 필요가 있다.

첫 번째 장애물은 외부의 압력이다. 가족이나 친척이 연루된 폭
력과 학대 사건에서 피해자들이 더 크게 상처받는 이유는 용서를
강요받기 때문이다. 우리나라는 가족 간의 연대를 매우 중요하게

생각한다. 개인의 감정을 희생해서라도 가족 간의 불화를 막으려는 문화적 압력이 존재한다. 피해자에게 그 분노와 슬픔을 드러내지 말라는 의미로 용서를 강요하는 경우가 많은 거다.

그러나 이런 상황에서는 진정한 용서를 할 수가 없다. 폭행과 학대 사건이 발생하면 가장 먼저 가해자와 피해자를 분명히 구분해야 한다. 그리고 피해자가 존중받고 보호받을 수 있는 환경이 절대적으로 필요하다. 진정한 용서는 그 다음에 피해자가 선택할 일이다. 만약 피해자가 용서하지 않겠다고 결정하면, 그 자체로 존중해줘야 한다. 나 역시 이 글을 통해 말하고 싶은 건, 혹시라도 용서하고 싶은 마음이 전혀 없다면 절대 강요하고 싶지 않다. 용서가 아닌 분노를 선택하겠다면, 그것 역시 존중한다.

폭행과 학대 사건이 우리에게 끔찍한 기억으로 남는 이유는, 과거의 그 순간에 피해자는 아무것도 선택할 수 없었기 때문이다. 그런데 지금, 용서마저도 자발적으로 선택할 수 없다면 이것 역시 또 다른 폭행이자 학대일 뿐이다.

이 책을 읽으면서 내 주변에 있는 폭행과 학대 사건의 피해자가 생각날 수 있다. 그리고 그 피해자가 가해자를 향한 분노 때문에 스스로를 다치게 하는 것처럼 보여서 안타까울 수도 있다. 그렇다고 해도 피해자에게 용서를 절대로 강요해서는 안 된다. 제아무리 좋은 것이더라도 스스로 선택하지 않으면 득이 아닌 독이 되기 때문이다. 학대를 당한 사람이 선택할 때까지 충분히 기다려

주어야 한다.

용서를 힘들게 하는 두 번째 장애물은 용서와 관계 회복을 동일시하는 생각이다. 이 생각은 틀렸다. 학수가 부모의 폭행을 용서했다고 해서 무조건 부모와 사이좋게 잘 지내야 하는 건 아니다. 용서란 관계에서 주도권을 갖는 행위이지, 상대에게 주도권을 넘겨주는 것이 아니다.

대부분의 자녀는 부모로부터 무조건적인 사랑을 받는다. 이는 인류 역사에 보편적인 일이다. 자녀가 부모에게 대단히 고마워할 일이 아니라, 아주 자연스러운 일이다. 그런데 이 관계를 부모가 학대와 폭력으로 먼저 깨뜨렸다면, 자녀는 마음에 상처를 입게 된다. 관계를 먼저 뒤흔든 건 부모다. 그럼에도 불구하고 상처받은 자녀가 아무런 선택권 없이 그저 분노하면서 무력하게 살아가기보다는, 자신의 의지적인 노력을 통해 주도권을 갖기 위해 용서를 선택한 거다. 관계 속에서 주도권을 가졌다는 건, 얼마만큼 관계를 회복할 것인지, 그 정도를 스스로 결정할 수 있다는 의미기도 하다. 그렇기 때문에 나를 괴롭히고 상처 준 사람을 용서할 때, 그 사람을 직접 찾아가지 않고 혼자서 용서를 진행해도 괜찮다. 또한 용서했다고 반드시 그 사람과 잘 지낼 필요도 없다.

학수처럼 부모를 용서하고자 마음먹은 상황일 때, 앞으로 잘 지내야 한다는 문화적 압박감을 느낄 수 있다. 하지만 내 마음을 다치면서까지 부모와 굳이 잘 지내려고 노력할 필요가 없다. 다시 말해, 용서한다고 관계를 예전처럼 좋게 만들어야 한다는 의무감을 가지지 않아도 된다.

자녀들은 부모로부터 사랑을 기대한다. 당연한 거다. 그렇기 때문에 부모가 미워하고 공격하고 학대하고 폭력을 행사했을 때 자녀가 받는 충격은 이루 말할 수 없다. 자신을 낳아준 부모도 사랑해주지 않는데, 세상 그 누가 자신을 사랑해줄까 하는 의구심이 마음 깊숙한 곳에 자리 잡는다. 하지만 그럴수록 꼭 기억했으면 좋겠다. 세상에 단 한 사람, 나는 나를 사랑해줄 수 있다. 나를 아껴주지 않았고 사랑해주지 않았던 부모에게 큰 기대를 하지 말자. 내가 나를 아끼고 사랑하자. 그 방법 중에 하나가 용서일 수 있기에 권하는 거다.

외부의 압력으로 인한 용서가 아니라면, 용서 이후에 꼭 관계를 회복해야 한다는 마음의 부담감을 내려놓으면 조금은 용서가 쉬워질 수 있다. 용서는 분노를 쉽게 해준다. 쉽지 않겠지만, 이러한 감정의 변화를 계속 경험하다 보면 과거를 떠올렸을 때 부정적이기만 했던 나의 어릴 적 상처받은 기억이 조금씩 흐릿해져갈 수 있을 것이다.

3장

언제쯤 그 사람과 완전히
이별할 수 있나요?

_첫사랑

그·날·의 기·요

올해로 마흔 살이 된 지후는 비혼 선언을 고민하고 있다. 결혼을 못한 미혼이 아니라, 자기 의지로 결혼을 하지 않겠다고 결정하는 비혼 말이다. 최근에 비혼을 선택하는 젊은 여성들이 그녀의 주변에도 많은데, 지후는 그들과는 조금 다른 이유로 이런 고민을 하고 있다. 누구에게도 속 시원하게 말할 수는 없었지만, 사실은 헤어진 지 벌써 8년이나 지난 첫사랑에 대한 기억 때문이다.

첫사랑과 헤어지고 나서 다른 사람을 만나려고 소개도 받아봤지만 제대로 된 연애를 할 수가 없었다. 자신도, 주변 친구들이나 가족들도 시간이 지나면 새로운 사람을 만나 새로운 사랑을 하게 될 것이라 생각했지만, 아니었다. 시간이 흐를수록 첫사랑에 대한 기억과 뒤따르는 감정이 점점 더 강해졌다.

나이가 들어갈수록 친구와 가족, 직장 동료들은 인사말처럼 연애와 결혼에 대해 이야기했고, 이때마다 지후는 내색하지는 못했지만 너무 힘들었다. 그래서 차라리 비혼을 선언하면, 더 이상 이런 이야기를 안 듣지 않을까 생각했던 것이다.

지후는 어린 시절에 부모님의 잦은 부부싸움을 보면서 연애와 결혼에 대해 회의적이었다. 대학교 때 들은 페미니즘 수업의 영향도 조금은 있었다. 대학생활 내내 비슷한 성향의 친구들과 어울리다 보니 그것만으로도 재밌어서 연애의 필요성을 느끼지 못하기도 했다. 그러다 대학 졸업 후에 비교적 규모 있는 무역회사에 취직했고, 일과 사랑에 빠졌다고 할 정도로 열심히 살았다. 그녀는 낯선 사람을 좀 어려워했는데, 직장 동료들과의 관계도 어색하고 불편했다. 그래서 일을 더 열심히 했다.

그렇게 5년 정도를 워커홀릭처럼 살다 보니, 소진되었다는 느낌을 받았다. 이렇게 살다가는 제명에 못 죽겠다 싶어서 이직을 결심했고, 결국 서른 살이 되던 해에 보다 작은 규모의 회사로 이직했다. 이전 직장보다는 확실히 덜 바빴다. 여유가 생기자 친구들의 소식이 궁금해졌다. 오랜만에 만난 친구들은 하나둘씩 연애를 하더니 결혼해버렸고, 그 중에는 아이 엄마가 된 친구도 있었다. 퇴근 후와 주말에 넘쳐나는 시간을 어떻게 써야 할지 몰랐던 지후는 무료함도 달래고 좋아하는 운동도 할 겸 직장인들만 참여하는 달리기 동호회에 가입했다.

동호회는 정말 운동만을 위한 모임이었다. 공식적인 뒤풀이도 없었고, 그저 미리 정한 코스를 따라 함께 달린 후에 헤어지는 형식이었다. 지후는 그것이 마음에 들어 꾸준히 참석했다. 하지만 사람들이 모이는 곳이면 자연스레 친분이 쌓이기 마련이듯, 하나둘 조금씩 친해진 사람들이 생겼다. 혁민도 그 중 한 명이었다. 지후와 혁민은 동갑이었고, 게다가 집도 같은 방향이어서 금방 친해질 수 있었다. 공식적인 뒤풀이는 없었지만, 끝나고 집으로 가는 길에 편의점에 들러서 맥주 한 캔씩을 마시는 게 반복되었고, 두 사람은 점점 서로에게 호감을 느끼다 연애를 시작했다.

서른이 넘어서야 첫 연애를 시작한 지후 소식에 가족과 친구들은 자기 일처럼 들뜨고 기뻐했다. 그녀는 이런 반응이 싫지만은 않았다. 혁민에 대한 마음이 컸기 때문이다. 지금까지 혁민을 만나기 위해 연애를 하지 않았던 건 아닐까 싶을 정도로 좋았다. 둘은 너무나 잘 통했고, 좋아하는 음식도, 패션 스타일도, 문화 코드도 잘 맞았다. 책과 영화를 좋아하고, 분위기 좋은 카페를 찾아가거나 뮤지컬도 즐기는 편이었다. 또한 달리기 동호회에서 만난 사이인 만큼 운동을 좋아하는 것도 같았다. 천생연분이라는 말이 드라마 속 이야기가 아니라 현실에도 존재할 수 있다는 걸 깨달았다. 이렇게 1~2년 정도 지내다가 결혼하면 완벽할 것 같다는 생각마저 들었다.

꿈인지 생시인지 모를 행복한 연애를 시작한 지 6개월 정도가 지난 어느 날, 지후가 회사에서 정신없이 일하고 있을 때 혁민에게서 연락이 왔다. 퇴근 후에 잠시 만날 수 있겠냐는 것이었다. 지후는 '어제도 만났는데 오늘도 보고 싶어?' 하면서 장난쳤지만, 혁민의 반응은 여느 날과 다르게 진지했다. 무슨 일인지는 만나서 이야기하겠다는 혁민의 말이 신경 쓰여 일이 손에 잡히지 않았다.

퇴근 후 만난 자리에서 혁민은 심각한 표정이었다. 그는 부모님이 몇 년 전부터 캐나다 이민을 준비하고 계셨는데, 바로 어제 비자가 나왔다는 연락을 받았다고 했다. 몇 년 동안 비자 신청이 반려되고 있던 상황이라 이민 자체가 불가능할 것이라고 생각해서 그동안 지후에게 이야기하지 않았다는 말도 덧붙였다. 물론 부모님의 비자가 나온 것이지 성인 자녀인 혁민의 비자가 나온 것은 아니었기에 반드시 헤어져야 하는 상황은 아니었다. 하지만 혁민의 부모님은 아들이 유학 비자라도 받아서 함께 가길 원하고 있었다.

"그래서 넌 어떻게 하고 싶은데?"

모든 이야기를 들은 지후가 할 수 있는 말은 이것뿐이었다. 혁민은 아무 대답도 하지 않았다. 잠시간 침묵이 흘렀고, 지후는 말을 이어갔다.

"너도 가고 싶구나. 그래, 어쩌면 해외로 나가는 게 너에게는 더 좋은 기회가 되겠지."

혁민은 정말 모든 것이 혼란스럽다고 말했다. 유학을 가서 하고 싶었던 공부를 더 하고, 그 후에는 캐나다나 미국에서 일하고 싶은 마음도 있다고 했다. 하지만 한편으로는 과연 공부를 제대로 해낼 수 있을지, 또한 새로운 환경에 적응할 수 있을지 걱정되고, 무엇보다 지후와 헤어지는 게 정말 싫다고 말했다. 그렇게 혁민은 새로운 선택 앞에서 갈팡질팡했다.

사실, 두 사람 모두 알고 있었다. 혁민은 불안을 넘어 새로운 세상으로 나아갈 테고, 지후는 혼자 남겨질 것을.

지후의 친구들은 이야기를 듣고 혁민과 바로 헤어지라고 충고했다. 혁민마저도 지후에게 출국하려면 6개월 정도 남았는데 그 전에 헤어지는 것이 좋지 않겠냐고 조심스레 말을 건넸다. 지후도 머리로는 그 말에 동의했으나, 마음으로는 어차피 예정되어 있는 이별을 굳이 앞당기고 싶지 않았다. 사랑하고 좋아하는 사람을 조금이라도 더 보고 싶었기 때문이다. 만날 때마다 헤어질 시간을 세는 것은 끔찍한 일이었기에, 지후는 혁민에게 헤어지지 않을 사이처럼 지내자고 했다. 그래서 그 두 사람은 1년 후, 2년 후의 미래 계획까지 세우면서 연애를 이어갔고, 혁민의 출국 전날까지도 다음 날은 무엇을 하며 시간을 보낼 것인지 전화로 이야기를 나누었다. 전화 통화를 끝내고 지후는 밤새도록 울었다. 다음 날 지후는 혁민에게 문자로 작별 인사를 했다.

"고마워, 잘 가. 사랑했어."

설렘으로 만났던 6개월과 예정된 이별을 알고 만난 6개월, 총 1년의 연애가 허무하게 끝나고 말았다.

나는 아직
이별하지 못했다.

혁민과 헤어지고 나서 지후의 일상은 완전히 무너졌다. 특히 혁민이 출국하기 6개월 전부터 이별이 결정돼 있었지만, 이별하지 않을 것처럼 만났던 것이 오히려 더 크게 후유증을 남겼다. 직장생활만 겨우 할 수 있을 정도로 그녀는 매일 울었다. 난생 처음으로 죽고 싶다는 생각도 했다.

가족은 물론 몇 개월 만에 만난 친구가 봐도 상태가 심각하다는 것을 알아차릴 수 있을 정도로 몸도 마음도 엉망이었다. 친구들은 지후를 불러다놓고 새로운 사랑을 시작해야 옛사랑을 잊을 수 있다고 설득했다. 지후는 말도 안 되는 소리라고 생각했다. 다른 사람을 만난다고 지금의 감정이 해결될 것 같지 않았다. 혁민이 만들어 놓은 마음의 자리를 다른 누군가로 채운다는 걸 상상조차 하기 싫었다.

하지만 시간이 지나면서 혁민과는 다시 이어질 수 없다는 사실을 인정하게 되었고, 새로운 사람을 만나기로 결심했다. 결혼 타령을 쉬지 않는 가족과 친구들의 성화 때문이기도 했지만, 지후 역시 새로운 사랑을 하고 싶었다. 어색함과 낯섦을 질색하는 성격인데도 말이다.

그렇다고 혁민을 처음 만났던 달리기 동호회에 다시 나가거나,

다른 동호회를 찾아 가입할 마음은 들지 않았다. 연애를 목적으로 동호회에 참석한다는 게 스스로 용납이 안 되었고, 혁민과의 만남 같은 일이 두 번 다시 있을 것 같지도 않았다. 그래서 친구들이나 직장 동료들로부터 소개를 받거나 결혼 정보 업체를 통해 새로운 사람을 만났다. 사실, 지후는 원래 낯을 많이 가리는 성격이다 보니 소개팅이나 맞선 경험이 없었다. 혁민과 사귀게 된 것도 동호회에서 자연스레 가까워졌기 때문에 가능했던 일이다.

바쁜 평일을 제외하고는 주말마다 이성을 만나기 위해 여러 자리에 나갔다. 대부분 만남의 장소는 고급 식당이나 분위기 좋은 카페였다. 지후는 그 자리에서도 혁민 생각이 났다. 새로운 사람을 만나는 자리에서도 첫사랑을 생각하고 있는 자신이 슬프기도 하고 한심하기도 했다. 또한 상대에게 미안했다. 그래서 대부분 한두 번의 만남으로 끝났다.

그러다 여러 가지 면에서 공통점이 있어 3개월 정도 만나게 된 사람이 생겼다. 신중한 성격이라 시간을 두고 알아가자면서 천천히 다가오는 그를 주말마다 만났다. 그는 운전하기를 좋아해서 지후를 만날 때마다 차를 몰고 데리러왔다가 데이트가 끝나면 집으로 데려다주었다.

그러던 어느 날, 도시 외곽의 조용한 카페로 가는 날이었다. 조수석에 앉아 있던 지후는 그가 같이 들으려고 미리 준비했다는 노래를 듣고 눈물을 흘렸다. 그가 선곡한 곡 중에 몇 곡이 혁민의 차에서 함께 들었던 것과 같은 노래였다. 그날의 데이트 이후로 지후는 남자에게 일방적으로 이별을 통보했다. 더는 미안해서 관계를 이어갈 수 없었다.

　연애하기 전까지 지후는 대중가요나 드라마가 언제나 너무 뻔한 사랑타령이라는 생각이 들어 관심이 없었고, 당연히 좋아하지도 않았다. 그런데 이별을 경험한 이후본 사랑 노래를 듣거나 드라마를 보면서 자주 눈물을 흘렸다. 길에서나 공원, 카페에서 다정한 연인만 봐도 혁민이 떠올랐고, 친구의 SNS에 올라오는 행복한 가족 사진만 봐도 혁민이 생각났다. 뉴스에서 캐나다 소식만 들려도 가슴이 뛰었다. 연애할 때 두 사람 모두 결혼하면 어떻게 살자고 이야기도 나누고, 농담 반 진담 반으로 가족계획을 세운 적도 있기에 친구의 남편이 아기와 놀아주는 사진만 봐도 혁민이 떠올랐다.

　점점 보고 싶은 마음이 커지니까 혹시나 싶은 마음에 이민을 간 후로 혹시 SNS 계정을 만들지 않았을까 싶어서 밤새워 검색도 해보았는데 헛수고였다. 그는 사귈 때도 남들이 다 하는 SNS 계정 하나 만들지 않았었다. 인터넷에 흔적을 남기는 게 싫다는 말을 늘 입에 달고 살았었다. 남들은 헤어진 연인의 SNS를 몰래 보기라도 한다는데, 지후는 그것마저도 할 수 없어서 더욱 슬펐다.

　그녀는 실제 삶에서 혁민과 이별했지만, 마음에서는 아직 이별하지 못한 상태였다.

머릿속
지식의 구조 ◆

사랑했던 사람과 마음으로 완전히 이별하지 못해 힘들어 하는 사람이 비단 지후만은 아니다. 사람마다 정도의 차이는 있지만, 그 기억 때문에 힘든 시간을 보내는 사람이 많다. 무엇을 하든, 어디를 가든, 누구를 만나든 사랑했던 사람의 모습이 떠올라 힘들어한다. 그 이유는 무엇일까? 지식의 구조 때문이다.

심리학자들은 오랜 시간 인간의 정신세계를 탐구해왔다. 인간이 어떻게 세상으로부터 정보를 받아들이는지, 받아들인 정보를 어떤 식으로 저장하고 사용하는지는 심리학 최고의 관심사라 해도 과언이 아니다.

이 비밀을 풀려고 도전한 이들이 여럿 있는데, 그 중의 한 사람이 앨런 콜린스Allan Collins다. 그는 1960년에 인간의 지식은 개념의 의미와 논리를 따라 위계적으로 연결된 구조라고 주장했다. 우리의 머리에 지식이 쌓인다는 것은 논리적이고 체계적으로 사고할 수 있다는 의미다. 그리고 논리적으로 사고할 수 있는 이유는 지식이 논리적으로 배열되어 있기 때문이라고 유추해볼 수 있다. 앨런 콜린스는 이를 가리켜 위계적 망 모형hierarchical network model이라고 불렀다.

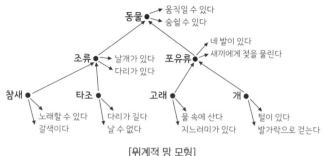

[위계적 망 모형]

　그림은 '동물'을 중심으로 지식의 구조를 도식화한 것이다. 맨 위에 동물이라는 개념이 있고, 해당 마디에는 동물의 속성이 자리 잡고 있다. 만약 "동물의 속성은 무엇입니까?"라는 질문을 받으면, 사람들은 자신의 기억 창고에 들어가서 동물의 속성을 확인하고 "움직일 수 있다", "숨 쉴 수 있다"라고 대답할 것이다. 또 "조류와 포유류를 아울러서 무엇이라 합니까?"라는 질문에 "동물"이라고 답할 수 있는 것도 지식과 기억이 이런 식으로 구성되어 있기 때문이다. 마치 도서관에 수많은 책이 분류되어 있듯, 우리의 기억에 있는 지식이 논리적이고 체계적으로 위치해 있다는 이 주장은 그럴듯해 보였다.

　오래지 않아 이 주장을 반박하는 증거가 나왔다. '응답 시간 reaction time'의 측정이란 실험을 통해 얻은 결과 때문이었다. 응답 시간이란 심리학자들이 인간의 정신세계를 연구할 때 사용하는 대표적 방법인데, 참가자가 응시하는 모니터에 어떤 자극^{문장, 단어,}

그림 등을 보여준 후 가능한 빨리 응답하게 하는 것이다. 응답 시간은 ms[1천 분의 1초] 단위로 측정하고, 여러 번 반복해서 실시하기 때문에 사람이 의도적으로 반응을 조작할 수 없다.

응답 시간을 활용한 어떤 실험에서 연구자는 참가자들에게 일련의 문장을 보여줄 테니 가능한 빨리 해당 명제의 진위 여부[참과 거짓]를 판단하라고 했다. 명제가 참이면 컴퓨터 키보드의 오른쪽 키, 거짓이면 왼쪽 키를 누르라는 식이다. 여러 명제가 제시되는 가운데 "개는 동물이다"라는 명제와 "개는 포유류다"라는 명제가 나왔다. 이 명제는 모두 참이다. 참가자들은 참과 거짓을 구별하는 것에 온통 관심을 기울였겠지만, 연구자가 관심 있는 것은 정답 여부가 아니라 응답 시간이었다.

위계적 망 모형에 따르면 "개는 동물이다"에 대한 응답이 "개는 포유류다"에 대한 응답보다 더 늦어야 한다. 왜냐하면 그림에서 볼 수 있듯이 '개'는 '포유류'에 직접 연결되어 있기 때문이다. '개'가 '동물'로 가기 위해서는 중간에 '포유류'를 거쳐야 한다. 기억의 탐색 과정이 더 많아졌기에 응답 시간도 이와 비례해서 길어지는 것이 논리적이다. 그러나 실험 결과 사람들은 "개는 포유류다"보다 "개는 동물이다"에 빠르게 응답했다.

또한 모형에 따르면 "참새는 조류다"라는 명제와 "타조는 조류다"라는 명제에 대한 응답 시간의 차이는 없거나, 있더라도 통계적으로 유의미하지 않을 정도로 작아야 한다. 둘 다 '조류'와 직접 연결되어 있기 때문이다. 마찬가지로 "고래는 포유류다"와 "개는 포유류다"라는 명제에 대한 응답 시간도 차이가 없어야 한다. 하지만 실제로 실험을 진행하면 두 질문에 대한 응답 시간은 유의미한 차이가 발생한다. 예상할 수 있듯이 "참새는 조류다"라는 명제에 대한 응답이 "타조는 조류다"라는 명제에 대한 응답보다 더 빨랐고, "개는 포유류다"라는 명제에 대한 응답이 "고래는 포유류다"라는 명제에 대한 응답보다 더 빨리 나왔다. 이른바 전형성 효과typicality effect를 설명하지 못하고 있는 것이다.

전형성 효과란 어떤 범주에 속한 개념들 중에 그 범주를 대표할 수 있는 전형적인 개념이 존재한다는 것이다. 일례로 한국인에게 '과일'이라고 했을 때 가장 먼저 떠오르는 것은 열대과일 '두리안'보다는 '사과'일 것이다. 사과는 가장 대표적인 과일이라고 할 수 있다.

이론과 증거가 일치하지 않을 때, 과학자들은 이론을 포기한다. 그래서 콜린스는 기존의 이론 대신, 이런 증거와 일치되는 모형을 발견하기 위해 연구에 연구를 거듭했고, 1975년 엘리자베스 로프터스Elizabeth F. Loftus와 의미 망 모형semantic network model이라는 새로운 모형을 제시한다. 이 모형은 우리의 지식이 개념의 논리적 위계가 아닌, 개념의 의미를 중심으로 구성되어 있다고 가정한다. 즉 연관성 있는 것은 가깝게 연결되어 있고, 연관성이 전혀 없는 것은 멀리 연결되어 있다는 식이다.

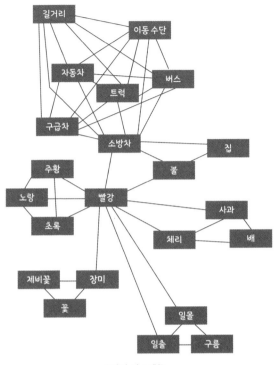

[의미 망 모형]

그림은 '빨강'을 중심으로 지식의 구조를 도식화한 것이다. 만약 "빨강이라는 말을 들으면 무엇이 떠오릅니까?"라는 질문을 받으면 사람들은 그림에서 볼 수 있듯이 '소방차', '불', '사과', '체리', '일몰', '일출', '장미', '초록', '노랑', '주황' 등을 언급할 것이다. 모두 '빨강'과 연관된 것들이다. 이것들은 그림에서 볼 수 있는 것처럼 직선으로 직접 연결되어 있다.

‘빨강’으로부터의 거리는 모두 다르다. ‘소방차’, ‘불’, ‘주황’,‘초록’은 비교적 ‘빨강’과 가까이 있다. ‘장미’, ‘체리’, ‘사과’는 조금 더 떨어져 있으며 ‘일몰’과 ‘일출’은 이중에서 가장 멀리 있다. 직선의 거리는 연관된 정도를 의미하는데, 실제로 우리의 기억에도 이처럼 자리를 잡고 있다는 것이다. 즉 ‘빨강’을 떠올렸을 때 ‘소방차’를 ‘일몰’보다 더 빨리 떠올린다. 그리고 ‘빨강’을 떠올렸다고 곧바로 ‘구름’이 떠오르지는 않고, ‘일몰’이나 ‘일출’을 떠올린 후에 그와 관련된 ‘구름’을 떠올린다고 예상할 수 있다.

지식의 구조는 사람마다 같을까, 다를까? 위계적 망 모형의 경우는 개인차가 크지 않다. 논리적이고 위계적인 구조를 가정하고 있기 때문에 개인의 경험이 개입될 여지가 없어서다. 의미 망 모형 역시 사람들 사이에 공통된 부분이 있을 것이다. ‘빨강’이라는 단어를 들었을 때, 사람들이 마음에 떠올리는 것이 비슷한 것처럼 말이다. 그런데 여기에는 문화의 영향과 개인의 경험이 개입될 수 있다. 중국에서 빨강은 복福을 상징한다. 중국의 설 명절인 춘절 기간이 되면 중국의 거리는 온통 붉은색으로 뒤덮인다. 건물의 벽, 대문, 온갖 장식물은 물론이고 폭죽까지 빨간색이다. 이뿐 아니다. 한 조사에 따르면 중국의 100대 기업 중 40퍼센트 이상은 붉은색이 들어간 기업 로고를 사용한다고 한다. 아마 중국인들의 지식 구조에는 ‘빨강’ 주변에 ‘복’, ‘행운’ 같은 개념이 자리를 잡고 있을 것이다.

만약 어린 시절 사고나 질병 등의 이유로 과다출혈을 직접 경험했거나 이런 장면을 목격한 사람이 있다면 그의 지식 구조는 어떨까? '빨강' 주변에는 '피', '고통', '사고', '질병' 같은 개념이 자리를 잡고 있을 것이다.

무엇을 해도
그가 떠오른다면 ✦

의미 망 모형에서 '사랑'은 어떤 위치에 있을까? 사람들은 '사랑'을 무엇과 연관시킬까? 이를 비교적 정확하게 알아볼 수 있는 한 가지 방법은 빅데이터를 활용한 연관어 분석이다. 발표된 지 거의 반세기나 된 의미 망 모형은 한물 간 이론이 아니다. 여전히 지식의 구조를 잘 설명해주고 있을뿐더러, 특히 4차 산업혁명을 맞이하여 새롭게 주목받고 있기도 하다. 빅데이터 분석 덕분이다.

인터넷에는 사람들이 만들어낸 어마어마한 자료가 존재한다. 이 자료를 분석하는 기술, 즉 빅데이터 분석이 여러 분야에서 활용되고 있다. 빅데이터 분석을 통해 얻을 수 있는 것은 여러 가지겠지만, 가장 원하고 필요로 하는 것은 결국 사람들의 '생각'이다. 사람들이 어떻게 생각하는지를 알면 행동을 예측할 수 있다. 기업은 소비자의 마음을 알아야 더 큰 이윤을 추구할 수 있고, 정치인들은 유권자의 마음을 얻을 수 있다.

빅데이터 분석에는 여러 방식이 있는데, 그 중의 하나가 텍스트 마이닝^{text mining}이다. 사람들이 인터넷에 생산해 놓은 언어 표현을 분석해 유용한 정보를 추출하는 과정이다. 즉 글^{text}에서 의미 있는 정부를 캐낸다^{mining}고 해서 붙은 이름이다. 텍스트 마이닝의 일종이라고 할 수 있는 연관어 분석은 의미 망 모형과 매우 유사하다. 대상어^{핵심 키워드}를 중심으로 그와 관련된 단어를 알려주고 있기 때문이다. 특히 그 결과를 이미지로 표현하면 의미 망 모형과 거의 흡사하다.

요즘은 대상어를 입력하면 연관어를 보여주는 서비스를 하는 웹사이트가 많이 있는데, 이를 활용하면 의미 망 모형에서 '사랑'은 어떤 위치에 있을지를 개략적으로라도 알아볼 수 있다. '사랑'을 대상어로 입력하면 나오는 연관어로는 '열정', '감정', '섹스', '로맨스', '애인', '결혼', '행복' 등이 있다. 누구라도 당연히 사랑과 연관 지을 수 있는 단어다. 분명 많은 사람들의 지식 구조에서 '사랑'은 이런 개념에 둘러싸여 있을 것이다.

앞에서 언급했듯이 의미 망 모형에서는 개인의 경험도 중요하다. 따라서 지후에게 있어서 '사랑'과 가장 가까이 있는 개념은 '혁민'일 것이다. 그가 첫사랑이었을 뿐더러, 지금까지 사랑했던 유일한 연인이기 때문이다. 이후에 또 다른 사람을 사랑했거나 사랑과 관련된 다양한 경험을 해봤다면 혁민 생각이 이토록 강하게 오래 지속되지는 않았을 텐데 말이다.

'사랑'과 '혁민' 주변으로는 앞서 언급한 '열정', '감정', '섹스', '로맨스', '애인', '결혼', '행복'처럼 일반인들이 사랑과 연관 짓는 개념이 위치해 있을 것이다. 지후는 여기에 더해 혁민과 함께 경험했던 것들, 예를 들어 '고급 식당', '분위기 좋은 카페', '뮤지컬', '극장', '영화', '드라이브' 등이 가깝게 위치해 있고, 조금 더 멀리는 '가요', '멜로드라마', '가족', '아기', '캐나다', '유학', '이민', 'SNS' 등이 위치해 있다고 예측할 수 있다.

이 때문에 지후는 '사랑'을 생각하면 '혁민'이 떠오르고, 이어서 그 주변에 위치한 개념과 기억이 자동적으로 떠오를 수밖에 없다. 혁민과 함께 갔던 고급 식당, 분위기 좋은 카페, 함께 봤던 뮤지컬과 영화 등 수많은 기억이 떠오르면서 과거의 기억 때문에 힘들어지게 된 거다.

하지만 지후가 새로운 사람과 교제를 시작하고 사랑을 만들어 갈 수 없는 이유가 의도적으로 혁민을 생각하기 때문은 아니다. 물론 처음엔 혁민을 잊으려고 다른 남자를 소개받았지만, 점점 시간이 지날수록 그녀에게도 새로운 사람을 만나고 싶다는 바람이 있었다. 혁민 생각을 일부러 한 게 아니라는 거다. 그럼에도 불구하고 새로운 사람과 여러 번 만나면서 조금씩 연애 모드로 발전할수록 예전에 혁민과 함께했던 데이트나 처음으로 느꼈던 분위

101

기와 감정이 자극되었고, 결국 혁민 생각이 짙어지는 결과로 연결
된 것이었다.

이처럼 혁민과 관련된 것을 경험하기만 해도 결국 첫사랑이 떠
오르는 이유는 의미 망 모형의 작동 방식 때문이다. 엘리자베스
와 로프터스는 의미 망 모형이 작동하는 방식을 '활성화의 확산
spreading activation'이라 칭했다. 활성화란 외부에서 들어온 정보를
통해서든 기억을 통해서든 일단 어떤 개념이 의식으로 떠오르는
것을 의미한다. 활성화는 자연스럽게 주변으로 확산하게 되어 있
다. 이 때문에 '혁민'을 생각하면 자연스럽게 관련된 경험이 떠오
르기도 하지만, 그 반대의 현상도 가능하다. 즉 관련된 경험을 하
면 혁민이 떠오르기도 하는 것이다.

의미 망 모형이 작동하는 방식은 서로 연결되어 있는 종이 뭉
치와 같다. 종이 뭉치 하나에 불이 붙으면, 그와 연결된 다른 종이
에도 불이 붙기 쉽다. 다시 말해 처음 어디에 불이 붙었는지는 중
요하지 않다. 그것이 무엇이든 불이 한 번 붙으면, 연결된 모든 것
들로 불이 쉽게 옮겨 붙을 수 있다는 게 문제다. 따라서 어떤 생각
을 해야겠다고 결심하거나 의도하지 않아도, 보고 듣는 것을 통해
그와 관련된 생각이 머릿속에서 자연스럽게 시작되기 쉽다. 그리
고 이렇게 시작된 생각은 꼬리에 꼬리를 물면서 계속 다른 생각
으로 번져 간다. 그래서 지후가 새로운 사람을 만나서 조금은 깊
은 관계로 발전하려고 할 때마다 의도치 않게 혁민이 더욱 생각

났던 것이다.

첫사랑은 왜
오래도록 생각날까 ◆

　　　　　지후가 혁민을 잊지 못하는 또 다른 이유는
첫사랑이기 때문이다. 혁민이라서가 아니라, 첫 번째 경험이라서
그렇다는 말이다. 어쩌면 지후는 이 말에 동의하지 않을 수 있다.
지후는 혁민이 친절하고 배려심이 많으며 다정다감한 사람이기
때문이라고 말할 것이다. 그가 첫사랑이 아니라 두 번째나 세 번
째 사랑이었더라도 잊지 못했을 거라고 말이다.

　과연 그럴까? 우리 주변에서 흔히 볼 수 있는 부부들의 모습을
생각해보자. 기혼이라면 자신의 부부관계를, 미혼이라면 부모님
의 부부관계를 떠올려보면 된다. 우리가 직간접적으로 만나는 대
부분의 부부들은 항상 사이가 좋기만 한가? 신혼 땐 뭐든지 잘 맞
고 사이가 좋았던 부부도 시간이 지나면 이전과는 조금씩 달라진
모습을 볼 수 있다. 서로 많이 다르지만 맞춰가며 이해하고 사는
부부도 있고, 한쪽이 전적으로 맞춰주는 부부도 있고, 서로 전혀
맞지 않아서 아예 갈라서는 부부도 있다.

　남편과 아내, 두 사람 모두 정신적으로나 육체적으로 건강한 사

람일지라도 살다 보면 갈등이 생길 수밖에 없다. 함께 살다 보면 상대의 좋지 않은 모습을 보게 되고, 갈등이 생기기도 하며, 부부 싸움으로 번질 수도 있다. 어쨌든 이런 갈등이 반복되면 결국엔 상대를 있는 모습 그대로 바라보게 된다. 소위, 콩깍지가 벗겨지는 것이다.

그런데 놀라운 사실이 있다. 내 눈에는 그저 그렇거나, 징말 나쁜 사람인데도 누군가에게는 평생 잊을 수 없는 사람으로 기억에 남아 있는 존재가 있다는 거다! 누군가의 첫사랑이었다면 이게 가능하다.

그렇다면 왜 사람들은 첫사랑을 잊지 못하는 걸까? 그 이유는 첫 경험이기 때문이기도 하지만, 이보다 더 중요한 이유는 어설프게 이별했기 때문이다. 대부분의 사람이 경험하는 첫사랑은 제대로 된 완결 없이 끝나는 경우가 많다. 모든 만남은 시작도 중요하고 끝도 중요하다. 그래서 이별이 일방적인 통보거나 단절과 차단의 형태면 상대편은 분노한다. 만나서 이야기하지 않고 전화나 문자로 이별하는 경우도 그렇다. 이별에도 지켜야 할 예절이 있다. 만남이 소중하듯 이별도 소중하기에 잘 해내야 한다.

첫사랑은 모든 것이 어설프고 누구나 조금은 허술하다. 사랑의 시작도 어설프고, 과정도 어설프고, 무엇보다 이별도 굉장히 어설프다. 어떻게 끝내야 하는지 경험한 적이 없기 때문에 잘 모르기도 하고, 그런 상황을 마주하고 싶지 않다가 들이닥치게 되기 때문일 거다. 당연히 첫사랑의 달콤함만큼이나 첫 이별은 괴롭다. 그래서 제대로 마무리하지 못하는 경우가 태반이다. 이 때문에 잘 잊히지 않는 거다.

어떤 일을 마무리하지 못했을 때, 우리의 마음에서는 쉽게 그것이 사라지지 않는데, 이를 가리켜 '자이가르닉 효과Zeigarnik effect'라고 한다. 리투아니아 출신의 심리학자 블루머 자이가르닉Bluma Zeigarnik은 동료들과 함께 식사를 하던 중 종업원의 행동에 주목했다. 종업원이 식당에 있는 사람들의 복잡한 주문 내용을 적지 않고 외웠기 때문이다. 주문을 받아서 주방에 주문을 넣고, 손님들이 식사를 마치고 계산할 때까지도 종업원은 누가 어떤 음식을 시켰는지 모두 기억하고 있었다. 자이가르닉은 그 모습이 매우 신기해서 계산을 끝내고 동료들과 조금 더 이야기를 나누다가 식당을 나가면서 종업원에게 물었다.

"제가 아까 주문한 음식이 무엇이었는지 기억하고 있나요?"
"저는 계산이 끝나기 전까지만 기억합니다. 계산이 끝나면 더는 기억할 필요가 없죠."

종업원의 대답으로부터 자이가르닉은 힌트를 얻었다. 어떤 과제를 완수하거나 하지 못하는 것이 기억에 영향을 미칠지도 모른다는 가정이었다. 그래서 그녀는 자신의 연구실로 돌아와서 한 가

105

지 실험을 진행했다. 참가자들에게 여러 알파벳을 제시하면서 이를 조합해 단어를 만들라든지, 아니면 L로 시작하는 도시의 이름을 적으라든지 같은 다양한 유형의 과제를 제시했다. 참가자들이 주어진 과제를 어느 정도 했을 때, 자이가르닉은 과제를 중단하라고 했다.

참가자들은 끝까지 완료한 과제도 있었고, 완료하지 못한 과제도 있었다. 이때 자이가르닉은 참가자들이 방금 전에 수행했던 과제를 얼마나 기억하는지를 조사했다. 참가자들은 완료한 과제와 완료하지 못한 과제를 어느 정도나 기억하고 있었을까? 결과는 놀라웠다. 완료한 과제는 43퍼센트 정도를 기억했지만, 완료하지 못한 과제는 68퍼센트나 기억하고 있었다.

자이가르닉은 사람들이 완료한 과제보다 완료하지 못한 과제를 더 많이 기억한 이유에 대해 우리의 마음이 완결성을 추구하기 때문이라고 결론 내렸다. 어떤 일에 집중하고 마음을 많이 쏟았는데, 어떤 이유로든지 제대로 끝내지 못하고 중간에 그만두게 되면 마음이 불편해진다. 그 때문에 긴장과 각성 상태로 넘어가면서 끝내지 못한 일이 계속 생각나게 된다. '시간이 조금 더 있었더라면', '더 집중했더라면', '신경을 더 썼더라면' 하고 아쉬워한다. 그러곤 상상 속에서 그 일을 되풀이한다. 이런 과정이 반복되면 될수록 기억은 더욱더 선명해지고, 자주 떠오르게 된다.

자이가르닉 효과는 우리 일상 곳곳에서 관찰할 수 있다. 드라

왜 상처받은 기억은 사라지지 않을까?

마는 항상 중요하고 결정적인 순간에 끝이 난다. 그러면 시청자들은 짜증 섞인 감탄사를 연발하면서 방송국을 욕한다. 괘씸하다면서 이렇게 시청자를 우롱하는 드라마는 보지 말아야 한다고 목소리를 높인다. 하지만 그 다음 편이 시작될 때가 되면 모두들 언제 그랬냐는 듯이 시청한다. 지난 회차의 사건이 어떻게 마무리될지 궁금하기 때문이다. 드라마 전후로 나오는 광고도 이런 경우가 많다. 어떤 제품인지 자세히 소개하지 않고 궁금증만 갖게 만들고 광고가 끝난다. 시청자들은 호기심에 해당 광고를 인터넷에 검색해서 찾아본다. 당연히 기업은 광고 효과를 제대로 누리게 된다.

지후가 혁민을 잊지 못하는 것 역시 자이가르닉 효과의 영향이다. 지후는 연애를 시작한 지 6개월 만에 혁민의 이민 소식을 접하게 되었다. 너무나 행복했던 시간이 갑자기 끝날 거라는 생각에 괴로웠고, 어떻게든 현실을 인정하고 싶지 않았다. 그래서 지후가 선택한 방법은 헤어지지 않을 것처럼 사귐을 이어가는 것이었다. 1년 후, 2년 후의 계획까지 세우면서 연애를 계속 이어나갔다. 심지어 출국 전날까지도 다음 날에 만나 무엇을 하며 시간을 보낼지 이야기를 나누었다.

물론 지후도, 혁민도 이 모든 것이 진짜가 아닌 가짜라는 걸 알고 있었다. 그러나 말이나 행동으로는 계속 연애를 하는 것처럼 했다. 말과 행동은 우리의 뇌를 착각과 혼란에 빠뜨린다. 아무런 감정이 안 드는 사람에게 "사랑해"라고 계속 말하고, 진짜 사랑하는 사이인 것처럼 스킨십하면 상대에게 없던 감정도 느끼게 될 수 있다. 마음은 말과 행동의 영향을 그 정도로 많이 받는다. 이런 면에서 지후와 혁민의 행동은 순간순간 예정된 이별이 취소된 것 같은 착각을 일으켰다. 하지만 착각과 상관없이 시간은 흘렀고, 출국 당일이 되었다. 지후와 혁민의 첫사랑은 문자 한 통으로 갑작스럽게 끝나버렸다.

어린 자녀를 교통사고나 갑작스러운 질병으로 먼저 떠나보낸 부모들은 자녀를 잊지 못한다. 부모가 죽으면 산에 묻지만, 자녀가 죽으면 가슴에 묻는다는 말도 있지 않은가. 어린 자녀의 죽음에 대해서 부모들은 '꽃도 펴보지 못하고 죽었다'면서 슬퍼한다. 한 사람이 인생이 완성되지 못하고, 완결되지 못하고 끝났기 때문에 마음에서 더욱 쉽게 잊히지 않는 거다.

만약 지후가 혁민에게 부모님을 따라가지 말고 한국에 함께 있자고 말했더라면 어땠을까? 어차피 둘 다 성인이었으니 결혼을 제안했다면 어땠을까? 아니면, 혁민과 함께 유학을 준비했더라면 어땠을까? 지후도 이런 고민을 안 해본 것은 아니다. 그러나 현실적으로 불가능해 보였다. 혁민에게 꿈을 포기하고 사랑을 선택하라고 요구하기엔 자신감이 부족했다. 결혼을 제안하기엔 연애 기간이 짧았다는 점이 마음에 걸렸다. 결혼은 감정만으로 되는 게 아니라 현실이라는 이야기를 주변에서 너무 많이 들었기 때문이다. 아무런 준비 없이 혁민을 따라 해외에 나가는 것도 너무 무모한 선택처럼 보였다.

하지만 현실 가능성과 무관하게, 지후가 이런 선택 중의 하나만 이라도 시도해봤더라면 상황은 지금과 조금 달라졌을 수도 있다. 두 사람은 갈등 속으로 들어갔을 것이고, 그 상황에서 자연스럽게 사랑과 반대되는 감정인 미움과 속상함, 분노도 경험해봤을 것이다. 물론 결혼으로 이어질 수도 있었겠지만, 자연스럽게 이별 이야기가 나왔을 수도 있다. 그랬다면 혁민이 출국하기 전에 첫사랑을 확실히 마무리할 수 있었을 것이다.

실제로 상담을 받으러 오는 사람들 중에 갑작스럽게 연인으로부터 이별 통보를 받아서 힘들어하는 경우가 상당하다. 이들은 하나같이 이런 말을 한다.

"왜 갑자기 헤어지자고 했는지 알고 싶어요. 다시 만나고 싶은 건 아니에요. 단지 이유라도 좀 알고 싶어요."

나는 이런 이야기를 들으면 상대에게 연락해서 마지막으로 한 번만 만나 달라고 부탁해보라고 제안한다. 혹시나 상대가 부탁을 들어주면 만나서 이별한 이유를 묻고 확실하게 사랑의 마침표를 찍으면 된다. 그러나 만약에 상대가 어떤 이유로든지 만남을 거절한다면 그 자체로도 매우 의미가 있다. 상대를 나쁜 사람이라고 욕하면서라도 관계의 마침표를 찍을 수 있으니 말이다.

그러나 안타깝게도 지후에게는 그럴 기회조차 만들 수 없는 상황이었다. 연락처도 없었고, 메일 계정은 휴면 상태였으며, SNS도 찾을 수 없었으니 말이다. 게다가 이미 헤어진 지 너무 오랜 시간이 흘러버렸다. 그렇다면 지후는 어떻게 해야 기억에서 혁민을 흐리게 만들 수 있을까?

다음 사랑에게도
기회를 주자 ◆

지후가 새로운 사람과 사랑을 시작할 수 없었던 이유는 누구를 만나서 무엇을 하든 계속 혁민이 생각났기 때문이다. 그래서 매번 본격적으로 연애가 시작되기도 전에 상대에게 미안한 마음이 들었고, 일방적으로 만나지 못하겠다고 통보해버렸다. 지후가 피하는 것은 새로운 연애만이 아니라 사랑과 관련된 모든 것이다. 영화나 드라마를 볼 때도 내용을 미리 확인해서 사랑 이야기면 선택에서 제해버렸다. 노래를 들을 때도 사랑 노래는 걸렀다. 읽을 책을 고를 때도 마찬가지였다. 뿐만 아니라 혁민이 생각나는 고급 식당이나 분위기 좋은 카페도 가지 않으려고 했다. 알콩달콩한 연인들의 사진을 피할 수 있는 방법이 없어서 SNS도 더는 하지 않았다.

이렇게 연애도 하지 않고, 사랑을 떠올리게 하는 모든 것을 피하면 혁민을 잊을 수 있을까? 아니다. 오히려 그 반대다. 이렇게 행동할수록 첫사랑의 기억은 더욱더 지후를 괴롭힌다. 첫사랑의 기억에서 자유롭기 위해서는 지후의 머릿속 지식 구조에서 '사랑'과 '혁민'의 연결을 약하게 만들어야 한다. 그러려면 사랑과 관련된 다양한 경험으로 지식의 구조에 변화를 주어야 한다. 여태껏 지후는 사랑과 관련된 경험을 피하기만 했으니 지식의 구조에 변화가 생길 수 없었던 거다. 그와 관련한 기억을 떠올리기 힘들어서 아무런 행동도 하지 않은 게 오히려 지후를 더 힘들게 하는 악순환이 되었다.

악순환을 끊어내기 위해 지후가 우선적으로 해야 할 일은 혁민을 생각나게 하는 장소와 활동을 피하지 않는 것이다. 혁민을 떠올릴 만한 장소에서 새로운 사람과 새로운 이야기를 주고받는 경험을 하면 머릿속 지식의 구조에 변화가 생긴다. 다시 말해 '고급 식당'이나 '분위기 좋은 카페'가 곧바로 '혁민'으로 연결되어 있던 지식의 구조를 바꾸려면, 친구들이나 회사 동료들과 '고급 식당'이나 '분위기 좋은 카페'에서 모임을 자주 가지면 된다.

'영화'나 '뮤지컬'을 동호회 사람들과 함께 보러 다니는 것도 좋다. 가족과 '드라이브'를 해도 된다. 이런 일을 반복하다 보면 지식의 구조에 변화가 생겨서 나중에는 고급 식당이나 분위기 좋은 카페에 가더라도, 영화나 뮤지컬을 보러가거나 드라이브를 가더라도 혁민이 아니라 다른 사람이, 다른 경험이 생각날 수 있다. 물론 혁민 생각이 아예 안 나지는 않겠지만, 그 감정에 압도될 정도로 더욱 커지진 않는다.

지후는 사랑 영화나 드라마는 물론 노래도 듣지 않으려고 했었다. 책을 고를 때도 사랑 이야기는 안 읽었다. 이런 행동은 혁민과의 기억에서 벗어나는 것을 오히려 방해한다. 지후는 혁민과 경험한 사랑을 매우 특별하고 가슴 아픈 일로 기억하지만, 물론 아주 일반적인 연애의 모습은 아니지만 그렇다고 엄청 특별할 것도 없다. 세상에는 정말 가슴 아픈 사랑 이야기들이 엄청나게 많다.

사랑 이야기를 본격적으로 수집해보는 것도 도움이 된다. 윌리엄 셰익스피어의 희곡 《로미오와 줄리엣》, 안데르센의 동화 《인어공주》를 비롯해 소설, 영화, 연극, 뮤지컬 중에는 가슴 아픈 사랑 이야기가 넘쳐난다. 만약 픽션이라 마음의 울림이 크게 없다면, 실제 있었던 이야기를 찾아보자. 일제강점기의 천재 시인 백석과 자야 이야기, 암투병 중인 아내와 결혼을 감행해 행복하게 살다가 갑작스러운 의료사고로 세상을 뜬 가수 신해철 이야기, 자신이 죽으면 혼자 남게 될 남편을 위해 공개 구혼을 자처한 미국의 동화작가 에이미 크라우즈 로즌솔 이야기 등, 가슴 아픈 사랑과 이별 이야기는 참 많다. 이런 이야기를 계속 접하다 보면 자신의 사랑 경험이 아주 특별한 일처럼 느껴지지 않을 것이다. 새로운 정보를 통해 지식의 구조가 변하는 과정이다.

하지만 가장 추천하고 싶은 방법은 지후의 친구들이 권했던 대로 새로운 사랑을 시작하는 것이다. 물론 처음에는 혁민이 생각나서 상대에게 죄책감을 느끼겠지만, 그래도 피하지 말아보자. 지후만 과거의 연인을 생각하는 것도 아니고, 이런 감정이 이해받을 수 없는 것도 아니다. 지후가 만나는 상대 역시 이번이 처음 하는 사랑이 아닐 수 있다. 우리는 누구나 어느 정도씩은 과거의 연인을 떠올린다. 그에 대한 기억과 감정을 완전히 잊고 새롭게 시작하는 순백의 사랑은 불가능하다. 상대를 좋아하는 마음이 순도 100퍼센트여야만 연애하고 결혼할 수 있는 건 아니다.

또한 지후가 새로운 사람을 만나기를 거부했던 이유는 누구를 만나든 상대를 혁민만큼 좋아할 수 없을 것 같다는 생각 때문이었다. 정말 어리석은 생각이다. 누구를 더 좋아하는지, 누구를 덜 좋아하는지보다 그때 상대를 향한 마음이 진심이냐가 중요하다. 마음의 크기는 정확하게 비교할 수 없다. 어렸을 때, 대학생 때, 20대 후반에, 30대에 만났던 사람들 중에 누구를 더 좋아했는지를 따지는 건 의미 없다. 모두들 다른 나이와 다른 상황에서 다른 사람을 만났을 뿐이다.

새로운 사람이 다가올 때 첫사랑보다 덜 좋아하는 것 같다고 자꾸 일방적으로 이별을 통보하지 말고, 조금이라도 끌리는 마음이 생기면 일단 만나봐야 한다. 예전에 사랑했던 사람이 계속 생각나서 고민된다면 아무런 설명 없이 헤어지자고 통보하지 말고 상대에게 솔직하게 마음을 이야기해보는 것도 방법이다. 상대가 불쾌해하며 헤어지자고 먼저 말할 수도 있지만, 이해해주거나 기다려줄 수도 있다.

사랑과 관련된 다양하고 새로운 경험을 계속 쌓아가다 보면, 나의 머릿속 지식의 구조는 조금씩 변화될 것이다. 그래야 첫사랑과 진짜 이별할 수 있다. 그때부터는 첫사랑이 상처가 아니라, 아련한 추억으로 자리 잡는다.

4장

한 생명이 내 품에서
숨을 거두었어요

_펫로스증후군

그·날·의 기·억

"엄마, 강쥐는 좀 어때?"

"자꾸 눈을 감네. 기운이 없는지 통 움직이질 않으려고 해. 정말 이제 시간이 얼마 안 남았나 봐."

"엄마, 내가 최대한 빨리 갈게. 울지 마."

사실 울먹거리는 엄마보다 더 울고 싶은 것은 강희였다. 강쥐는 강희가 중학교 1학년 때부터 15년간 키우고 있는 반려견이다. 어느 날 이모가 키우던 개가 새끼를 낳아 데려왔다. 워낙 새끼일 때 데려온 터라 쥐처럼 작아서, 강희 아빠는 '강아지'가 아니라 '강아쥐' 아니냐고 농담했다. 아빠의 농담에 강희는 화를 냈지만 '강아쥐'를 줄여서 '강쥐'라고 불러 보니 작고 귀여운 강아지에게 딱 맞는 이름이

왜 상처받은 기억은 사라지지 않을까?

었다.

또한 자신의 이름과 '강'자를 공유하니 마치 동생이 생긴 것 같다는 생각이 들어서 '강쥐'로 부르기로 했다. 강희는 다섯 살 때부터 부모님께 동생을 낳아달라고 졸랐다. 하지만 강희가 그토록 원하던 동생이 생기지 않아 부모님도 늘 아쉬운 마음이었기에 강희 의견에 찬성했다.

강쥐가 강희에게 위로가 된 것은 단지 동생의 빈자리를 채워주었기 때문만은 아니다. 부모님이 부부싸움할 때, 강희는 강쥐 덕분에 혼자 불안해하지 않을 수 있었다. 아빠의 사업이 어려워지면서 부모님은 사이가 나빠졌다. 특히 아빠가 엄마를 통해 친척과 지인들에게 돈을 빌리고, 그 돈을 상환하는 것이 불가능해지자 거의 매일 소리를 지르며 싸웠다. 특히 아빠가 술을 먹고 집에 들어오는 날이면 상황은 극에 달했다. 엄마는 아빠가 일은 안 하고 술만 먹는다고 비난했고, 아빠는 엄마를 욕하면서 때렸다. 그러면 엄마도 지지 않고 물건을 집어던졌다.

강쥐가 없었을 땐 이 모든 상황을 강희 혼자 견뎌야 했었다. 침대에 누워서 자는 척하며 얼마나 불안에 떨고 울었는지 모른다. 그런데 강쥐가 집에 온 이후로는 그나마 견딜 만했다. 부모님의 언성이 높아지면 강쥐도 불안했는지 강희 품으로 뛰어들었다. 마치 위로를 받으려는 듯이 말이다. 강쥐를 꼭 안고 따뜻한 체온과 작은 심장박동을 느끼며 위로를 받았다.

강쥐가 온 지 3년째 되는 해에 부모님은 결국 합의 이혼했다. 강희 아빠는 이혼 절차가 마무리되자 집을 나갔는데, 그 후로 연락이 끊겼다. 생계를 위해 강희 엄마는 닥치는 대로 일하느라 고등학생이 된 강희를 전혀 신경 쓰지 못했다. 강희는 어려운 집안 형편 때문에 힘들어하는 엄마의 눈치를 보면서 고등학생 시절을 보냈다. 공부 때문에 스트레스를 받아도, 친구와의 갈등으로 힘들어도 엄마에게 내색하지 못했다. 강희는 마음이 허전하거나 슬플 때면 집에 돌아와 강쥐를 품에 안고 울었다. 강쥐는 강희의 눈물을 핥아주면서 강희 품에 가만히 안겼다. 마치 괜찮다고 말해주는 듯했다.

시간이 흘러 강희는 대학에 진학했고, 졸업 후 취직에 성공했다. 덕분에 가정 경제는 빠르게 안정되었다. 문제는 강쥐였다. 열다섯 살이 된 올해 초부터 점점 기력을 잃어갔다. 급기야 일주일 전에 찾아간 동물병원에서 수의사는 강쥐의 상태를 노환이라고 진단했다. 더는 해줄 수 있는 것이 없다면서, 일주일 정도밖에 남지 않은 것 같으니 마음의 준비를 해두라고 말했다.

병원에서 강쥐를 품에 안고 집에 오면서 강희는 얼마나 울었는지 모른다. 중학교 1학년 때 이모 집에서 어미 몰래 조심스럽게 담요에 싸서 데려왔던 날, '강쥐'라는 이름을 지었던 순간, 부모님이 싸울 때면 강쥐를 품에 안고 울었던 것, 부모님의 이혼 후 힘들었던 고등학교 시절 유일한 친구였던 강쥐의 위로 등, 함께 울고 웃었던 추억들이 주마등처럼 스쳐 지나갔다.

그리고 그동안 강쥐에게 잘 못해준 것들도 생각났다. 무심하게 대했던 것이 기억나서 너무 속상했고, 스스로에게 화가 났다. 바쁘다는 핑계로, 친구와 연인과 보내는 시간이 너무 재미있어서 소홀했었다. 강쥐가 놀아달라고 다가오면 저리 가라고, 귀찮다고 밀어냈다. 강쥐를 보면 힘들었던 중고등학교 시절의 기억이 떠올라서 힘들었기 때문이다. 그러면 강쥐는 멀찌감치 엎드려서 멀뚱하게 그저 강희를 바라보곤 했었다. 사실 강쥐가 없었다면 강희는 중고등학교 시절을 아마도 버텨내지 못했을 것이다. 강쥐는 가족이자 친구, 애인 같은 존재였다. 그런데 성인이 되면서 강쥐를 멀리한 자신이 너무 미웠다.

강희는 병원을 다녀온 이후로 강쥐를 다시 데리고 자기 시작했다. 이제 남은 시간이 얼마 없다고 생각하니까 잠자는 시간이라도 함께 하고 싶었다. 다음 날 출근하면서 강희는 엄마에게 무슨 일이 생기면 바로 연락하라고, 조퇴하고라도 달려오겠다고 말했다. 그렇게 떨리는 마음으로 하루가 지나고, 이틀이 지났다. 일주일 정도밖에 남지 않았다고 했던 수의사의 말과는 다르게 강쥐는 조금씩 기력을 되찾는 것 같았다. 강희는 너무 기뻤다. 금요일 아침에 출근하면서는, 엄마에게 주말에 강쥐와 함께 공원에 가자고 약속도 정했다.

안도하는 마음으로 출근해 회사에서 정신없이 일하고 있었는데, 엄마로부터 전화가 왔다. 강쥐가 의식을 계속 잃어간다면서 빨리 와야 할 것 같다고 했다. 강희는 회사를 조퇴하고 택시를 타고서 집으로 가면서 엄마에게 전화를 걸었다. 곧바로 울음이 터질 것 같았지만, 엄마의 우는 소리를 듣고는 자신이라도 침착해야겠다고 마음먹었다.

택시에 내려서 집으로 뛰어갔다. 강쥐의 심장은 가냘프게 겨우 뛰고 있었고, 거의 의식을 잃기 직전의 상태였다. 강희는 강쥐를 안고 울면서 말했다.

"강쥐야, 눈 좀 떠봐. 언니 왔어. 언니 왔다고!"

강희의 말을 알아들었는지 강쥐는 아주 잠깐 눈을 떴다가 다시 감았다. 그리고는 잠시 후 심장박동이 멈췄다. 한 생명이 강희의 품에서 숨을 거둔 것이다.

우리는 그렇게
가족이 되었다 ◦

강희는 강쥐를 떠나보낸 지 반년이 넘도록
충격과 슬픔에서 벗어나지 못했다. 집에 들어가면 문 앞까지 달려
나와 꼬리를 흔들던 모습이 눈에 선했다. 방문을 닫으면 문을 열
어달라고 발톱으로 긁던 귀여운 모습이 어른거렸다. 하지만 모든
것은 기억 속에만 존재할 뿐 더 이상 만질 수도, 함께 놀아줄 수도
없었다.

강쥐가 보고 싶을 때마다 강희의 눈물은 멈추지 않았다. 아무리
울어도 눈물은 계속 흘렀다. 주변인 중엔 강희의 슬픔을 이해하는
사람도 있었지만 이해하지 못하는 사람도 많았다. 실제로 강희의
직장동료나 친구 중에는 강희의 이야기를 듣고 "그깟 개 한 마리
죽은 것 가지고 뭘 그리 야단법석인지 모르겠다"는 식으로 타박
하는 사람도 있었다. 그럴 때마다 강희는 소리를 질렀다.

"그깟 개 한 마리라고요? 강쥐는 저에게 가족이었어요. 애인이었
고, 친구였다고요!"

슬픔을 이해하지 못하겠다고 대놓고 말하는 사람들에게 강희
는 너무 화가 났다. 강쥐가 자신에게 얼마나 중요한 존재였는지를

한 생명이 내 품에서 숨을 거두었어요

부정당하는 것 같았기 때문이었다.

우리나라의 반려동물 인구는 해마다 늘어가고 있다. 2020년 농림축산식품부 조사에 따르면 대략 638만 가구가 반려동물을 키우고 있다. 대략 4가구 중에서 1가구가 반려동물과 살고 있는 셈이다. 전문가들은 앞으로도 지속해서 반려동물을 키우는 가구 수가 늘어날 거로 예측하고 있다. 그 이유로 1인 가구의 증가를 꼽는다. 혼자 살다 보면 편해서 좋기도 하지만 외로움이나 고독감을 느끼기도 한다. 이럴 때 멀리 떨어져 사는 가족이나 친구들에게 의지하기보다는 자연스레 반려동물을 키우는 선택을 하는 사람들이 많아진 거다.

가족들과 함께 사는 경우에도 반려동물을 키우는 경우가 점점 많아지고 있다. 점점 가족 공동의 삶보다는 각자의 삶이 중요해지고 있으며, 또한 세대 간 문화 격차가 커지면서 가족 간에도 대화가 통하지 않는 요즘이다. 이는 자연스럽게 대화의 단절, 그리고 소외로 이어지게 된다. 하지만 인간은 감정을 드러내고 마음을 나누는 대상을 필요로 하는데, 심리학자들은 앞으로 이 자리를 반려동물이 차지하게 될 것이라고 말한다.

강희도 그랬다. 부모님의 잦은 부부싸움을 견디면서도 강희가 크게 흔들리거나 엇나가지 않을 수 있었던 건 강쥐 때문이었다. 부모님으로부터 심리적 위로를 받기는커녕 오히려 자신이 엄마를 심리적으로 돌봐야 하는 입장이었기에 강희는 아무리 힘들어도 엄마 앞에서는 울지 못했다. 힘들어하는 엄마를 더 힘들게 할까 봐 걱정됐던 거다. 아빠가 떠난 상황에서 엄마마저 무너지거나 떠나버릴지도 모른다는 걱정 때문에 강희는 감정을 드러내지 않게 되었다. 그 대신 힘들 때면 강쥐를 품에 안고 울었고, 기분 좋은 일이 있을 때는 강쥐와 함께 장난을 치면서 기쁨을 나누었다. 강희에게 강쥐는 세상에서 누구보다 특별한 존재였다.

반려동물과 인간이 얼마나 친밀감을 형성할 수 있는지 분명히 이해하지 못했던 시절엔 집에서 키우는 동물을 '애완동물'이라고 불렀었다. 애완愛玩의 의미는 사랑하여 귀여워한다는 의미다. 마치 동물을 장난감처럼 여기고 소비의 대상으로 보는 입장이 반영된 표현이다.

그러나 이 표현은 2007년 동물보호법 개정 이후로 '반려동물'이라는 용어로 대체되기 시작했다. 반려伴侶란 짝이 되는 친구라는 의미다. 보통 배우자를 반려자라고 하는데, 이 표현을 동물에게 붙인 셈이다. 다시 말해 동물을 자신과 함께하는 동등한 대상으로 인식하고, 함께 살아가는 존재로 인정하는 것이다. 이런 맥락에서 반려동물을 키우는 사람을 동물의 주인보다는 동반자로 받아들이는 추세다.

심리학에서 관계적인 측면을 가장 잘 설명하는 개념으로 애착attachment을 꼽을 수 있다. 애착이란 친밀감을 느끼는 대상과 맺는 강한 정서적 유대관계를 의미한다. 애착은 모두에게 중요하지만,

특히 아기들에게는 더욱 중요하다. 그래서 심리학에서 진행하는 애착과 관련된 연구와 실험에서는 대부분 아기들이 양육자와 맺는 관계를 다루고 있다. 아기들에게 애착이 중요한 이유는 생존과 연관되기 때문이다. 아기는 양육자와 애착이 형성돼야 양육자로부터 도움을 받아 생존할 수 있다.

이렇게 애착이라는 개념은 아기가 양육자와 맺는 관계에서 시작되었지만, 지금은 보다 다양한 상황에서 애착을 논하고 있다. 예를 들어 성인이 주변 사람들과 맺는 관계 패턴을 애착으로 설명하기도 하고, 아기가 양육자에게 느끼는 감정이 아니라 양육자가 아기에게 느끼는 감정을 설명하기도 한다. 그리고 최근에는 반려동물과의 애착이 가능한지, 가능하다면 어떤 영향을 미치는지, 그 영향이 인간과 인간이 맺는 애착과 얼마나 유사한지 등의 연구가 진행되었다.

아기와 양육자 사이든, 연인이나 친구 사이든 애착이라는 개념을 사용하려면 몇 가지 조건을 만족시켜야 한다. 첫 번째로, 애착을 느끼는 대상과 물리적으로 가까워지려고 해야 한다. 두 번째로, 애착 대상과 이별하고 떨어지는 상황에서 고통을 인식해야 한다. 이를 분리불안separation anxiety이라고 한다. 세 번째로, 애착 대상에서 벗어나 주변 환경을 탐색하다가도 다시 애착 대상에게로 돌아와 편안함을 느끼고 애착 대상을 감정의 위로를 받는 안전 기지로 인식해야 한다. 마지막 네 번째로, 고통스러운 일을 경험했을 때 애착 대상이 그 고통을 완화해주는 피난처의 역할을 할 수 있어야 한다. 보통의 아기들이 양육자를 대하는 태도라고 보면 된다.

그런데 심리학자들의 연구에 따르면, 이런 애착 대상에 대한 네 가지 특징은 반려동물에 대한 반려인의 태도에서도 그대로 나타나고 있다. 우선 반려인은 반려동물에게 친밀감을 느끼고, 가까이 있고자 하며, 반려동물의 상실에 고통을 느낀다. 또 반려인은 반려동물을 의지할 수 있는 대상으로 여기고, 반려동물이 제공하는 애정과 지지를 통해 스트레스를 덜 받는다. 결국 반려동물이 반려인에게 애착 대상이 될 수 있다는 것이다.

이런 현상에 근거해 상당한 과학 연구가 진행되었는데, 연구 결과는 한결같았다. 반려동물 역시 인간에게는 관계를 맺을 수 있는 대상이 된다는 사실이다. 인간과의 관계에서 우정과 사랑을 추구하듯 반려동물과의 관계에서도 우정과 사랑을 추구하며, 반려동물과 정서적으로 애착관계를 형성해 정서적 지지를 충분히 얻는 것으로 나타났다. 어떤 면에서는 인간과 인간과의 관계보다 더 큰 이득이 있는 것으로 밝혀졌다. 그 이유는 반려동물은 인간보다 안정적이고 일관적이며 예측 가능한 관계 경험을 주기 때문이다. 자기 기분대로 행동하면서 비일관되게 행동하는 인간보다 반려동물은 어떤 면에서는 더 나은 애착 대상인 셈이다.

여러 가지 다양한 연구에 따르면 반려인들은 자신의 반려동물로부터 무조건적인 사랑과 수용, 지지를 받고 있다고 느낀다고 한다. 이로 인해 반려동물의 존재는 반려인의 심리적인 건강뿐 아니라 신체 건강에도 다양한 긍정적인 영향을 미친다고 결론 내리고 있다.

사랑했던 만큼의
아픔 ◆

　　　　　　　인간은 살아가면서 끊임없이 이별을 경험한다. 학창시절에는 전학 때문에 친구와 헤어지기도 하고, 학년이 바뀌면서 선생님과도 헤어진다. 졸업하면 정든 학교와 헤어진다. 친구와 싸워서 멀어지기도 하고, 연애하다가 이별할 때도 있다. 이런 이별이야 시간과 용기를 내기만 하면 다시 만나 관계를 회복할 수 있지만, 죽음으로 인한 이별은 되돌릴 수 없다. 부모님이나 조부모님의 죽음, 형제의 죽음, 애인이나 배우자의 죽음, 자녀의 죽음, 친구의 죽음, 그리고 반려동물의 죽음은 돌이킬 수 없기에 무엇보다 깊은 슬픔을 초래한다.

　애정을 느낀 대상이 죽었을 때 겪는 슬픔의 크기는 사람마다 다르다. 세상이 곧 끝날 것처럼 슬퍼하고 고통스러워하는 사람도 있고, 잔잔한 슬픔을 느끼는 사람도 있다. 개인마다 감정을 경험하고 표현하는 데 있어서 차이가 있다. 대상에 따라 느끼는 슬픔의 정도에도 차이가 있다. 부모님이 돌아가셨을 때, 조부모님이 돌아가셨을 때, 형제가 죽었을 때나 친구 혹은 애인이나 배우자가 죽었을 때 느끼는 슬픔의 깊이는 같지 않다. 왜 그럴까?

슬픔의 크기와 깊이는 죽은 상대가 자신과 객관적으로 어떤 관계인가보다 심리적으로 얼마나 가까웠는지가 더 중요하다. 즉 심리적으로 가까웠다면, 많이 사랑했고 의지했으며 좋아했던 대상이 죽었다면 슬픔의 크기도 클 수밖에 없다. 이와 반대로 심리적으로 멀어서 좋았던 감정이 크지 않았다면 슬픔의 크기도 작다. 이처럼 첫 번째 감정이 끝난 직후에 이 감정과 반대되는 감정을 겪게 되고, 두 감정의 크기 역시 비례관계에 있다는 사실은 '동기의 대립 과정 이론opponent process theory of motivation'으로 설명이 가능하다.

감정이나 욕구를 비롯해 우리로 하여금 어떤 행동을 유발하는 심리 상태를 심리학에서는 '동기'라고 한다. 감정 역시 동기의 일종이다. 그런데 동기는 시간의 흐름에 따라 변한다. 이런 변화에는 패턴이 존재하는데, 가장 대표적인 경우가 대립 과정이다. 즉 시간의 흐름에 따라 처음 상태와 반대의 상태로 변한다는 것이다. 어떤 대상에 기대를 가지고 있었으나 그 기대가 충족되지 않으면, 우리의 마음은 곧바로 중립으로 돌아오지 않고 기대의 반대인 실망감으로 채워진다. 기쁨이나 즐거움은 부정적인 방향으로, 슬픔이나 고통은 긍정적인 방향으로 나아가는 것이다.

가령, 알코올이나 마약 같은 물질을 섭취하면 처음에는 쾌감과 즐거움을 느낀다. 이 쾌감이 끝나면 몸과 마음이 편안한 중립 상태가 될 것 같지만, 아니다. 쾌감과 반대인 불쾌감을 느낀다. 이런 불쾌감을 없애기 위해서 또다시 물질을 섭취하게 되는데, 이런 악순환에 빠지면 결국 중독이 된다.

스릴을 추구하는 행동 역시 대립 과정 이론으로 설명 가능하다. 위험한 행동을 할 때에 사람들은 긴장과 공포를 경험하는데, 이런 감정이 지나고 나면 이와 반대되는 감정인 이완과 편안함을 느낀다. 가수들이 열광적인 퍼포먼스를 선보인 콘서트가 끝났을 때 이후로 공허감과 우울감을 느끼는 것 역시 대립 과정 이론으로 보자면 자연스러운 마음의 흐름이다.

강희가 그랬듯이 사랑하는 상대와 헤어져서 사랑이 끝나면 슬픔을 경험한다. 강희가 강쥐와의 좋은 기억을 떠올리면서, 더는 함께할 수 없어서 슬퍼하는 것은 당연한 일이다. 강희가 강쥐를 떠올리면서 흘리는 눈물의 의미는 단순히 슬픔만이 아니다. 미안하고 죄스러운 마음도 그 속에 있다. 고등학교 졸업 후에 강희는 자신에게 주어진 자유를 만끽하느라 강쥐를 제대로 돌보지 않았을 뿐더러, 밖에서 스트레스를 받은 날엔 강쥐에게 짜증과 화를 냈다. 강희는 너무나 사랑스러운 강쥐를 왜 그렇게 대했는지 스스로도 이해할 수 없다고 생각했는데, 이것 역시 대립 과정 이론으로 설명할 수 있다.

사랑하는 사람과 헤어졌을 때 슬픔을 느끼는 것은 자연스러운 일이라고 앞서 설명했다. 만약 헤어지지 않고 계속 마주해야 하는 상황에서 사랑이 끝나버리면 어떤 감정이 들까? 사랑의 반대 감정이 꼭 슬픔만 있는 건 아니다. 사랑의 반대 감정에는 짜증과 분노, 무시와 냉대도 있다. 부부관계가 그렇다. 결혼식에서 자신의 모든 것을 바쳐서 상대를 사랑하겠다고 가족과 친지, 친구들이 보는 앞에서 선언한다. 이는 단지 보이기 위해서 만들어낸 감정이 아니다. 실제로 그런 감정으로 결혼하는 사람들이 대부분이다. 그러나 함께 살다 보면 사랑이라는 감정을 계속 유지할 수 없다. 이전과 같은 감정이 아닌데도, 즉 사랑이라는 감정이 끝났는데도 부부로 계속 함께 살아야 할 경우엔 미움과 분노가 솟구치게 된다. 죽도록 사랑해서 결혼했는데, 살다 보니 죽이고 싶을 정도로 미워하게 되는 건 어쩌면 당연한 감정의 변화다. 서로를 향한 분노와 미움이 얼마나 크면, 부부를 전생의 원수라고까지 표현하겠는가! 강희가 대학에 진학한 이후로 강쥐에게 싫증을 내고, 강쥐가 조금이라고 귀찮게 하면 소리를 지르면서 함부로 대한 행동도 마찬가지다. 중고등학생 때까지는 서로 의지하면서 사랑을 느꼈지만 성인이 되자 이 감정이 사라졌고, 대신 반대의 감정을 경험할 수밖에 없었던 거다.

앞서 언급했던 것처럼 사랑이 컸다면 그만큼 사랑 이후에 겪는 슬픔이나 분노, 냉담함의 강도도 크다. 이런 면에서 강희가 강쥐

의 죽음으로 느끼는 슬픔의 크기는 강희가 강쥐를 얼마나 사랑했
는지, 그 사랑의 크기를 말해준다. 강희가 강쥐와의 추억을 좋은
기억으로 남기려면, 우선 이 모든 감정을 수용할 필요가 있다.

많은 사람들은 감정을 크게 느끼는 것이 너무 힘들어서 억지로
참으려고 한다. 또 주변 사람들로부터 언제까지 그렇게 슬퍼할 것
이냐는 타박을 듣기 싫어서 표현하지 않으려고 한다. 이렇게 하다
보면 반려동물과의 이별로 느끼는 슬픔이나 죄책감 같은 자연스러
운 감정의 흐름이 막히게 된다. 결국 강쥐와의 추억을 좋은 기억으
로 남기지 못하고 상실의 아픔으로 인해 심각한 우울이나 불안을
겪을 수도 있다. 무엇보다 강쥐에게 화풀이했을 때의 기억이나 강
쥐가 떠나는 순간의 장면을 잊지 못해 평생 괴로워할 수도 있다.

애도에도
단계가 있다 .

마음 깊이 사랑했던 대상이 떠났을 때 사람
들은 슬픔과 고통을 느낀다. 사랑했던 만큼 슬프고, 또 사랑했던
만큼 미안한 마음이 커서 자책하기도 한다. 이런 감정은 자연스러
운 것이어서, 있는 그대로 받아들이고 경험하면 시간이 지남에 따
라 벗어나게 된다. 하지만 평소 감정 표현에 인색했던 사람은 감

정을 잘 느끼지도 못하고, 제대로 표현하지도 못한다. 이럴 경우 슬픔과 고통은 지나치게 커져서 이별 후에 오랜 시간이 지나도 회복되지 않는다. 회복이 늦어지면 심각한 우울증으로 연결된다. 그러면 사랑했던 대상과 함께했던 행복한 기억이 끔찍한 고통의 기억으로 남게 된다.

그래서 애도의 과정을 잘 거치는 것이 매우 중요하다. 애도는 아름다웠던 기억을 안고 살아가려면 꼭 필요한 단계다. 애착 이론으로 유명한 영국의 심리학자 볼비John Bowlby는 이별했을 때 겪는 슬픔을 극복하는 과정에 대해서도 연구했다. 애착을 연구한 그가 이별에 관심을 가진 이유는 무엇일까? 언뜻 생각하면 애착과 이별은 상반되는 주제처럼 보이지만, 사실 같은 주제다. 동전의 양면처럼 말이다.

애착이 생겼다는 증거는 애착 대상과 분리되었을 때 불안을 느낀다는 것이다. 어떤 대상이 있어도 그만, 없어도 그만이라면 그 대상과는 애착이 형성되지 않은 거다. 대상에게 애착을 느끼게 되었다면 대상이 사라졌을 때 큰 슬픔을 느낄 수밖에 없다.

볼비는 자신의 동료와 함께 애착의 대상이 사라졌을 때 겪게 되는 애도의 반응을 네 단계로 정리했다.

첫 번째는 충격을 받고 무감각해지는 단계다. 사람들은 조금 힘든 일을 겪으면 금방 감정을 느끼고 표현한다. 어떤 사람은 울고, 어떤 사람은 화를 낸다. 힘든 일에 대해 나름의 방식대로 반응한다.

반면, 감당하기 어려울 정도로 크게 힘든 일을 겪으면 감정을 잘 느끼지 못하는 상태가 된다. 순간 멍해지고, 자신에게 일어난 일에 대해 현실감을 느끼지 못한다. 그래서 넋을 놓기도 한다. 만약 이별이 갑작스러웠다면 더욱 그럴 것이다. 강희도 강쥐를 떠나고 몇 주는 그렇게 지냈다. 그러다 사랑하는 강쥐의 장례를 잘 치르고 싶어서 백방으로 알아보았다. 몇몇 업체에 연락해봤는데 모두들 반려동물의 장례를 돈벌이 수단으로만 보는 것 같았다. 반려인의 슬픔까지 고려해주는 곳이 없다는 생각에 속이 상하고 화도 많이 났다. 우여곡절 끝에 그나마 괜찮은 장례업체를 통해 강쥐를 잘 보내주었다. 하지만 이 과정에서 강희는 슬픔을 제대로 느끼지 못했다. 멍할 때가 많았고, 강쥐가 떠났다는 사실이 순간순간 믿기지 않았다. 강쥐의 장례를 치르고 돌아와서도 몇 주는 멍한 상태로 지냈다.

이후로 강희는 스스로도 이해하기 어려운 이상한 행동을 하기 시작했다. 퇴근 후 집에 들어오면서부터 강쥐를 찾았다. 강희가 현관문을 열고 집에 들어왔는데도 강쥐가 달려 나오지 않으면 "강쥐야, 언니 왔어. 어디 숨었어?"라면서 집안 곳곳을 찾아다니기 시작했다. 엄마는 딸의 이런 모습을 보고 놀라 "강희야! 너 왜 그래. 강쥐 죽었잖아!"라고 말했다. 강희는 엄마의 다급한 목소리를 듣고서야 행동을 멈추고 울기 시작했다. 가끔은 방 안에서 쉬고 있다가도 거실에서 강쥐 소리가 나는 것 같다며 뛰어 나가 강쥐를 찾곤 했다. 물론 강쥐가 있을 리 없었다. 그럴 때마다 강희는 거실에 놓인 아직 치우지 못한 강쥐의 애견용품을 붙잡고 울었다.

만약 다른 사람이 이런 강희의 행동을 봤다면 미쳤거나 제정신이 아니라고 생각했을 것이다. 강희의 이런 행동은 애도의 두 번째 단계에서 흔히 나타나는 모습이다. 이 단계에서는 더 이상 만날 수 없게 된 대상을 보고 싶어서 찾아 헤매는 행동을 보인다. 첫 번째 단계가 상실을 경험한 이들이 감정을 느끼기 시작하는 과정이라면, 두 번째 단계는 보다 적극적으로 자신의 감정에 따라 행동하는 단계다. 대상이 만약 죽었다면, 죽은 사람과 이전에 친분 있었던 사람을 찾아가 그에 대한 이야기를 들려달라고 하는 경우도 있다. 만약 연인과의 이별로 슬퍼하는 사람이라면, 헤어진 연인에게 다시 연락해서 재회를 시도하기도 하는데, 이때 자신이 원하는 바가 이루어지지 않으면 큰 분노와 슬픔을 느낀다.

또 어떤 사람들은 그리워하는 마음을 억누르고 다시 만나고 싶은 마음을 포기하려고 애쓴다. 찾아 헤매는 행동을 하고 싶지만 스스로가 보기에도 비합리적이고 비이성적이라는 판단이 들어서 참는 것이다. 자신을 걱정하는 주변 사람들에게 빨리 괜찮아진 모습을 보여주고 싶어서 아무런 일도 없었던 것처럼 태연하게 지내려고 애쓴다.

그러나 두 번째 단계를 제대로 거치지 못하면 다음 단계로 넘어갈 수가 없다. 지금 당장에 느껴지는 감정을 무시하고 어떤 식으로든 재회하고 싶은 마음을 억누르면 고통스러운 기억으로 평생 남을 수 있다. 또한 생각과 판단, 감정과 욕구 같은 마음의 여러 기능이 잠식될 수 있다.

애도의 세 번째 단계는 애착의 대상이 떠났다는 것을 받아들이는 단계다. 이때부턴 더 이상 찾으려고 하지 않는다. 무력감과 우울감을 느끼면서 빈자리를 실감한다. 이 단계에서의 울음은 분노보다는 체념에 가깝다. 입맛이 없기도 하고, 불면증으로 고생하기도 한다. 어떤 사람들은 이 단계에서 자신을 향한 공격성을 드러낸다. 즉 사랑하는 대상이 존재하지 않는 이 세상에서 더 이상 살아야 할 이유를 찾지 못하겠다면서 자살을 시도하는 것이다.

하지만 이전 단계에서 충분히 감정을 느끼고 행동하고, 아무리 애써도 재회할 수 없다는 것을 받아들였다면 극단적인 행동을 하지 않는 게 일반적이다. 그 이유도 대립 과정 이론으로 설명이 가능하다. 사랑했던 대상을 더 이상 만날 수 없을 때 느끼는 격정적인 마음을 있는 그대로 경험하고 다 드러내고 나면 무력감과 우울감을 경험한다. 이 과정을 모두 거친 상태에서는 자살 시도를 하지 않는다. 반면 전 단계에서 감정을 꾹꾹 누르고 있다가 더 이상 그 상태를 견딜 수 없게 되면, 통제할 수 없는 분노가 솟구쳐서 극단적인 행동을 충동적으로 하기에 이른다. 결국, 두 번째 단계에서 감정을 있는 그대로 드러내는 것이 중요하다는 걸 알 수 있다.

애도의 네 번째 단계는 회복이다. 사랑하는 상대가 떠나는 순간의 고통스러운 기억, 상대에게 잘해주지 못해서 미안했던 기억보다는 더 좋았던 기억을 떠올리면서 일상을 잘 살아가게 된다.

감정을 억지로
참아내지 않도록 ◆

상담하다 보면 가족이나 연인 등 사랑했던 사람이 갑자기 세상을 떠났을 때 슬픔을 이기지 못하고 힘들어하는 사람들을 많이 만난다. 최근에는 반려동물과의 이별 때문에 비슷한 증상을 호소하면서 상담실을 찾는 사람들이 많아지고 있다. 이들이 겪는 고통을 펫로스증후군pet loss syndrome이라고 부른다.

애착 대상이 사람이든 동물이든 심리적으로 경험하는 것에는 큰 차이가 없다. 애착 경험이나 이별 후 경험하는 고통은 비슷하기에 심리 상담에서는 똑같은 접근 방법을 사용한다. 감정을 충분히 드러내도록 도와주는 것이다.

안타깝게도 우리나라 사람들은 자신의 감정을 드러내길 어려워한다. 힘들어도 티내지 않고, 좋아도 남들 앞에서 웃지 않는 것이 예의라고 배우고, 감정 표현을 거리낌 없이 하는 것을 좋게 보지 않는 환경에서 살았기 때문이다. 힘들어서 티를 내면 "너만 힘드냐? 다들 참는데, 넌 왜 티를 내냐!"라고 한다. 기분이 좋아도 드러내기 어렵다. 내 기분이 좋다고 표현하면 "너만 기분 좋으면 되냐? 너 때문에 다른 사람은 더 불쾌할 수 있지 않느냐!"라고 비난을 듣는다. 이 때문에 어릴 적부터 자신의 감정을 숨기도록 훈련 아닌 훈련을 받는다.

타인을 불편하게 만들지 않는 것도 물론 중요하지만, 그렇다고 어떤 상황이든 무조건 자신의 감정을 숨겨야 하는 건 옳지 않다. 특히 애착 대상이 떠났을 때는 더욱 그렇다. 타인을 불편하게 만들지 않기 위해서 슬픔과 분노, 우울을 숨기면 그 후유증은 실로 엄청나다. 그래서 대부분의 상담 전문가들은 상담실에서만큼은 감정을 드러내자고 내담자들에게 제안하고 설득한다. 이때 많은 내담자들은 이렇게 말한다.

"감정을 느끼고 표현하면 그때 일들이 기억나서 더 힘들어요."

당연히 이렇게 대답할 수 있다. 감정을 드러내면 마음은 그 감정을 느꼈던 사건을 자연스럽게 기억해낸다. 감정과 기억이 강하게 연합되어 있기 때문이다. 그래서 감정을 느끼거나 표현하기를 거부하는 사람들은 힘들었던 기억을 떠올리고 싶지 않다고 말한다. 하지만 힘들었던 기억 속의 사건을 계속 마주하면서 그와 동반되는 감정을 드러내야 더 이상 그 기억으로 고통받지 않을 수 있다. 즉 애도 과정의 두 번째 단계, 즉 감정을 있는 그대로 드러내는 과정이 중요하다.

그렇다면 어떤 식으로 감정을 드러내고 표현할 수 있을까? 가장 좋은 방법은 자신의 입장을 잘 헤아려줄 수 있는 사람 앞에서 애착 대상과의 추억을 이야기하는 것이다. 처음 만났을 때와 헤어진 날, 만나는 동안 겪었던 좋았던 일과 슬펐던 일, 미안했던 사건과 고마웠던 사건 등 기억나는 모든 것을 이야기하다 보면 감정이 북받쳐 오를 것이다.

이때 참지 말아야 한다. 슬픔과 분노, 괴로움을 느껴지는 대로 표현하자. 소리 내어 크게 울어도 좋고, 보고 싶다고 소리를 질러도 좋다. 발로 바닥을 굴러도 좋다. 나 자신을 해치는 행동만 아니라면 무엇이든 괜찮다. 눈물과 콧물을 다 쏟아도 이해해줄 수 있는 사람이 앞에 있다면 뭐든 해보는 거다. 애착 대상과 함께했던 순간이 담긴 자료가 있으면 활용해도 좋다. 사진이나 영상 자료를 보면서 내가 신뢰하는 사람에게 이야기하다 보면, 과거의 기억이 더욱 분명하게 떠오르면서 그때의 감정과 지금 상실로 인한 감정을 강하게 느낄 수 있다.

이때 이야기를 듣는 상대는 그저 상실의 감정을 인정해주면 된다. "충분히 그렇게 느낄 수 있다"고 말해주는 것이다. 그 감정을 이해하기 어렵다느니, 감정이 너무 과하다느니 하는 평가는 절대 금지다. 너무 힘들어하는 것 같아서 걱정되는 마음에 "그만 힘들어 해", "남들도 다 그렇게 견디면서 살아"라고 말하는 건 상실의 고통을 겪고 있는 사람에겐 전혀 도움이 되지 않는다. 오히려 자신의 감정이 인정받지 못한다고 느낄 뿐이며, 자신의 과한 감정 표현을 상대방이 불편해한다는 생각에 위축된다.

어떤 사람들은 직접 말로 감정 표현하는 걸 어려워하기도 한다. 이럴 경우엔 자신의 마음을 가장 잘 표현할 수 있는 또 다른 방법을 사용하면 된다. 심리 상담에서는 종종 그림을 활용한다. 빈 종이에 애착 대상을 그리게 하는데, 그림을 잘 그리느냐 못 그리느냐는 중요하지 않다. 그림을 그리면서 떠나버린 대상을 떠올리는 과정이 중요하다. 애착 대상만을 그리는 것도 좋고, 애착 대상과 함께했던 어떤 경험을 그리는 것도 좋다. 그림을 그리다가 감정이 올라오면 그 감정을 느끼고 표현하는 과정이 중요하다. 그림 그리기를 마치면 상담자에게 그림을 설명하면서 다시 한번 기억을 떠올리고, 감정을 드러내도록 격려를 받는다.

심리 상담에서 자주 사용하는 또 다른 방법은 빈 의자 기법이라고 부르는 것이다. 의자를 두 개 준비하고 두 의자 사이를 약간 띄어서 서로 마주보게 한 후, 한 의자에 앉는다. 비어 있는 맞은편 의자에 자신을 떠난 애착 대상이 앉아 있다고 상상한다. 그리고 그 애착 대상에게 하고 싶었던 이야기를 해본다.

어떤 이야기든 괜찮다. 하고 싶었던 이야기를 하면 된다. 이야기를 어디서부터 어떻게 시작하면 좋을지 모르겠다면, 애착 대상을 처음 만났을 때부터 시작해서 이별했을 때까지의 일을 하나씩 떠올리면서 좋았던 것, 속상했던 일, 화가 났던 사건을 연대기적으로 대화하듯 말하면 된다. 또한 생전에 하지 못해서 후회가 되는 말이나 살아 있을 때 같이 하고 싶었던 것을 이야기해도 좋다.

애착 대상이 떠난 후에 계속 떠오르는 어떤 특별한 기억이 있다면, 그 기억에 대해 충분히 이야기하면 좋다. 감정이 너무 많이 올라와서 힘들다면 잠시 쉬었다가 다시 이야기하면 된다. 급하게 처리해야 할 일이 아니다. 쉬었다가 다시 이야기하고, 울거나 웃으면서 마치 살아 있는 상대와 대화하듯 이야기를 나눠보는 거다.

애착 대상에게 하고 싶은 이야기를 다 했다면, 이제는 애착 대상이 앉아 있다고 가정했던 맞은편 의자로 옮겨 앉는다. 자신이 애착 대상이 되어서, 건너편 빈 의자를 향해 마치 나 자신에게 말하듯 이야기를 한다. 애착 대상과 오랜 시간 함께했다면 그가 뭐라고 말했을지 충분히 헤아려서 이야기할 수 있을 것이다. 자신이 애착 대상을 사랑했듯이, 애착 대상 역시 자신을 향한 마음이 있었을 테니 말이다. 경우에 따라서 두 의자에 번갈아 앉으면서 못다 나눈 대화를 더 이어나갈 수도 있다.

고통을 넘어
아름다운 추억으로 ◆

애착 대상을 먼저 떠나보낸 이들은 이별의 순간에 대한 기억 때문에, 또는 상대와 지내면서 나쁘게 대했던 기억 때문에 괴로워한다. 강희도 그랬나. 품에 안은 강쥐가 세상을 떠나는 순간의 기억이 너무나 선명했다. 강쥐의 심장박동이 멈추고 몸이 축 늘어지는 그때의 경험은 무섭고 슬펐다. 뿐만 아니라 고등학교 졸업 이후로 바쁘다는 핑계를 대며 강쥐에게 못되게 대했던 기억이 자주 떠올라 괴로웠다. 강쥐와의 즐겁고 행복했던 기억이 분명 있었을 텐데 왜 잘 기억나지 않고 못되게 굴었던 기억만 떠오르는 걸까?

인간의 뇌는 어떤 순간에 하나의 강렬한 감정을 느끼면, 그와 상반되는 감정을 느끼지 못한다. 엄청 화가 났으면 동시에 즐거움을 느끼지 못하고, 너무 슬프면 동시에 재미있다고 느끼지 못한다. 그렇게 때문에 애착 대상이 떠나 감당할 수 없을 정도의 슬픔과 괴로움, 분노 같은 감정을 느끼게 되면 기억은 슬프고 힘든 경험으로 가득 차버려서 좋았던 건 잘 기억나지 않는 것이다.

좋았던 기억을 떠올릴 수 있는 탁월한 방법 중의 하나는 애착 대상에게 편지 형식의 감사 일기를 쓰는 거다. 하루에 한 번도 좋고, 일주일에 한 번도 좋다. 아니면 생각날 때마다 쓰는 것도 좋

왜 상처받은 기억은 사라지지 않을까?

다. 얼마나 자주, 얼마나 길게 쓰는지는 중요하지 않다. 애착 대상이 그리울 때마다 과거의 경험 중에서 행복하고 즐거웠던 기억을 떠올리면서 고마움을 표현하는 것이 중요하다.

다음과 같은 긍정의 단어를 넣어서 글을 쓰면 좋다.

사랑, 희망, 아름다움, 환희, 기쁨, 행복, 설렘, 흥분, 감사, 활기, 선물, 귀여움, 즐거움

편지 형식의 감사 일기를 쓰다 보면, 애착 대상과 얼마나 행복하고 즐거운 시간을 보냈는지 새삼 깨닫게 된다. 그리고 대상과 계속 연결되어 있다는 느낌을 가질 수도 있다.

감사 편지를 쓰는 방법이 전문적이지 않은 처방처럼 느낄 수 있을 것이다. 그러나 놀랍게도 감사 편지는 2000년 이후 심리학계의 새로운 흐름이라고 할 수 있는 긍정심리학 분야의 가장 획기적인 발견 중 하나다. 심리학자들은 감사 편지가 가진 놀라운 힘을 과학적으로 증명했다. 감사 편지를 쓴 사람들은 부정적인 내용의 글을 쓴 사람들에 비해 낙관적인 삶의 태도를 가지게 되었으며, 자신의 삶을 보다 긍정적으로 평가했다고 여러 학자들의 연구에 의해 반복적으로 증명되었다.

심리적 효과뿐만 아니라 감사 편지를 쓰는 사람에겐 신체 건강에도 좋은 효과가 나타났다. 그 비밀은 인간의 뇌에 있다. 감사 편

지를 쓰면 우리의 뇌는 스트레스를 조절하는 시상하부와 즐거움을 느끼는 데 결정적인 역할을 하는 복측피개* 영역을 활성화시키는 것으로 나타났다. 또 다른 연구로 밝혀진 흥미로운 사실은 정작 감사 편지를 쓰는 사람들은 자신의 감사 편지가 자기 자신에게나 편지를 받는 상대방에게 미치는 긍정적인 영향에 대해 과소평가한다는 점이다.

편지 형식의 감사 일기를 쓰다 보면 때로는 보고 싶은 마음에 울컥하는 감정이 올라오기도 할 것이다. 애착 대상이 현재 자기 옆에 없다는 걸 인지하게 돼 다시 힘든 마음에 휩싸일 수도 있다. 이것 역시 자연스러운 애도의 과정이다. 그 감정은 중요하니, 그 감정마저도 편지에 쓰면 된다. 보고 싶다고 써도 되고, 지금 내 옆에 없어서 화가 난다고 써도 좋다. 그렇게 부정적인 감정을 표현하고 나면 마음은 다시 평안해질 것이다.

꾸준하게 일기를 쓰다 보면 시간이 지날수록 부정적인 감정은 점차 줄어들고, 아름다웠던 추억을 떠올리면서 애착 대상에게 감사하는 마음을 표현하는 게 자연스러워진다. 그러다 어느 날부터는 가끔씩 일기를 쓰지 않는 날이 생길 거고, 그 기간이 점차 조금씩 길어지게 된다. 그리고 '이제 됐다'는 마음의 소리가 들리면,

----

* 뇌에서 가장 원시적인 부위로 뇌간 맨 꼭대기에 위치하며 동기부여, 보상, 쾌락에 관여한다. 사랑에 빠진 연인들에게서 활성화되어 있음을 볼 수 있으며, 이 영역이 활성화되면 마약에 중독된 것 같은 쾌감을 느낀다.

마지막 편지를 쓰자.

"강쥐야, 오늘이 마지막 일기야. 너와 함께했던 시간은 모두 나에게 축복이었어. 지금은 내 옆에 네가 없어서 허전하고 슬프지만, 이런 감정까지 느끼게 해준 너에게 많이 고마워. 너와 함께 보낸 모든 추억을 평생 간직할 거야. 힘들 때 옆에서 위로해줬던 너를 기억할게. 그동안 정말 고마웠어. 잘 가, 안녕."

5장

죽음의 공포가
잊히질 않아요

_교통사고

그·날·의 기·요

학원에서 공부하고 있는 딸을 태워오려고 준비하는 연주에게 남편이 물었다.

"내가 다녀올까? 아니면, 같이 갈까?"
"아냐, 오늘은 혼자 갈게. 가까운 곳이니 한번 도전해봐야지. 조심히 다녀올 테니 걱정 마."

전업주부인 연주는 딸을 위해 6개월 전에 운전면허를 취득했다. 딸이 다니고 싶어 하는 학원이 집에서 자가용으로 15분 정도 가야 하는 곳에 있다 보니 더는 운전면허 취득을 외면할 수 없었다. 학원 버스를 이용하는 방법도 있긴 했지만, 버스가 동네 곳곳을 돌면서

왜 상처받은 기억은 사라지지 않을까?

학생들을 태우느라 무려 50분이나 걸려서 자주 멀미를 하는 딸에겐 여간 힘든 일이 아니었기 때문이다.

연주가 그동안 운전면허를 취득하지 않았던 이유는 겁이 많아서다. 결혼 전에는 가족이나 친구들이, 결혼 후에는 남편이 운전면허 취득을 권했지만 뉴스에 보도되는 교통사고가 자신에게 일어날까 봐 두려워서 계속 미뤄왔다.

운전면허 취득은 정말 쉽지 않았다. 한 번에 붙은 필기시험과 달리 시험장에서의 기능시험은 세 번, 도로주행 시험은 무려 네 번이나 떨어졌다. 그래도 포기하지 않았고 계속 도전해 마침내 합격했다.

그러나 면허가 있다고 곧바로 운전할 수 있는 건 아니었다. 차 뒤에 '왕초보'라고 크게 써 붙이고 남편과 함께 도로를 나갔다. 얼마 전만 해도 아내에게 운전을 권했던 남편은 막상 아내와 함께 도로 연수를 나가 보니 후회막심이었다. 아내가 상상 이상으로 불안해할 뿐더러, 운전 센스가 없어도 너무 없었기 때문이다. 도로연수 중에 사고가 날 뻔한 적도 여러 차례였고, 잔소리와 지적질 때문에 부부 싸움도 여러 번 했다. 그러나 연주는 딸을 위해 포기하지 않았고, 6개월 정도 지나자 조금은 운전에 자신감이 생겼다.

남편은 아내가 어느 정도 운전에 익숙해졌다 싶어서 자신의 동승 없이 혼자 운전을 해보라고 말했고, 연주도 알겠다고 했다. 그렇게 그날 저녁, 연주는 학원에서 수업을 듣고 있는 딸을 태우러 가기 위해 홀로 운전대를 잡았다. 남편 없이 혼자 운전석에 앉아서 떨리는 마음을 가라앉히고, 심호흡을 했다. 배운 대로, 연습한 대로 전방을 주시하고 좌우를 열심히 살피며, 신호등도 꼼꼼히 확인했다. 8차선 대로를 달리다가 학원이 있는 좁은 도로로 들어섰다. 좁은 도로는 언제든 사람들이 무단횡단을 할 수 있기에 더 속도를 줄였다. 그리고 이제 거의 학원 근처에 왔다고 생각할 무렵, 갑자기 반대 차선에서 오던 덤프트럭이 중앙선을 넘어서 연주의 차를 향해 왔다. 연주는 너무 놀라 온몸이 얼어붙어 버렸다. 가속 페달에서 발을 떼어 브레이크 페달을 밟아야 하는데, 발이 움직이질 않았다. 덤프트럭이 속도를 줄이지 않고 점점 가까이 다가오자 연주는 소리를 지르면서 핸들을 오른쪽으로 꺾었다. 연주가 기억하는 건 여기까지였다.

연주가 정신을 차린 곳은 병원이었다. 남편을 통해 들은 이야기는 놀라웠다. 트럭 운전기사는 운전 중 가방에 들어 있는 핸드폰을 찾다가 핸들을 잘못 조작해서 중앙선을 잠깐 넘어왔고, 연주는 트럭을 피하기 위해 핸들을 꺾어서 가로수와 충돌하면서 의식을 잃었다. 다행히 트럭 운전기사도 빨리 상황을 알아차려서 브레이크를 밟아 연주의 차와 충돌하지는 않았다. 연주의 차는 가로수와 충돌하면서 에어백이 작동되어 다행히 골절 없이 가벼운 타박상만 입었고 차는 오른쪽 전조등과 범퍼만 교체하면 되었다.

남편과 딸은 연주의 사고 소식을 듣고 놀란 마음을 안고 병원으로 왔다. 연주의 부모님과 시부모님까지 찾아와 걱정했다. 요즘은 교통사고 가해자들이 직접 피해자에게 연락하거나 찾아오지 않는

150

왜 성처받은 기억은 사라지지 않을까?

편이어서 연주 역시 기대하지 않았는데 보험회사 직원의 만류에도 불구하고 덤프트럭 운전기사는 직접 병문안을 와서 죄송하다고 거듭 사과했다. 연주는 사고로 매우 놀란 상태였기 때문에 여전히 화가 났지만, 한편으론 직접 찾아와주어 고마운 마음도 들었다.

일주일 가량 진행된 경찰 조사도, 보험처리도 순조롭게 끝났다. 병원에서는 우선 시급한 치료는 끝났으니 원하면 퇴원해도 되고, 혹시 다른 곳에 이상이 있을까 봐 불안하면 며칠 더 입원하라고 했다. 연주는 퇴원을 결정했다.

연주는 병원에서 퇴원해 남편과 함께 주차장으로 걸어갔다. 그런데 이미 수리를 마친 차를 보자 연주의 심장이 빠르게 뛰기 시작했다. 순간 온몸이 굳어왔다.

연주는 어렵게 걸음을 다시 내디뎠고, 차에 올라탔다. 그러자 심장이 더 빠르게 뛰기 시작했다. 주차장을 빠져나온 차가 도로로 나서자 마음이 진정되질 않았다. 조수석에 탔는데도 그랬다. 운전석 쪽을 보고 있으면 그날의 일이 계속 떠올라 애써 오른편 창밖을 바라보았다. 그 순간, 저 멀리에서 덤프트럭이 보였다! 연주는 소리를 질렀다.

"악! 트… 트럭이 오고 있어!"

사고 당시의 장면이 기억난 연주는 불안에 떨었다. 마치 다시 사고가 벌어지는 것처럼 생생했다. 놀란 남편이 차를 길가에 세우고 연주를 달래주었지만 불안과 공포는 쉽사리 가라앉지 않았다.

남편은 며칠 지나면 괜찮아질 거라고 말했고, 연주도 그렇게 믿었다. 그러나 연주는 괜찮아지지 않았다. 운전대를 잡을 수 없었고, 남이 운전하는 차에 타는 것도 힘들어했다. 어쩔 수 없이 조수석에 타야 할 때면 눈을 꼭 감았다. 얼마나 긴장하고 떨었던지 차에서 내리면 온몸에 식은땀이 흐를 정도였다.

이해할 수 없는 일은 더 있었다. 어떤 물건이든지 쥐색을 보면 심장이 빠르게 뛰는 거였다. 운전을 무서워하고 차를 타기 힘들어하며 트럭을 보면 놀라는 건 그럴 수 있다 해도, 왜 쥐색만 보면 그렇게 몸서리칠 정도로 불안한 건지 이유를 알 수가 없었다. 남편은 연주에게 혹시 덤프트럭이 쥐색이었는지 물었다. 연주는 사고 장면을 떠올렸다. 그 기억에서 덤프트럭이 쥐색이었다는 것을 확인했다. 남편은 쥐색에 대한 연주의 불안 반응이 사고와 관련 있는 것 같다고 말했지만, 연주는 납득하기 어려웠다. 아니, 인정할 수 없었다. 사고의 순간에 죽음의 공포를 느꼈다고 해서 어떻게 색깔에 대해서도 예민하고 힘들 수 있는지 이해가 안 되었다. 연주는 교통사고와 관련된 기억이 평생 자신을 괴롭히면 어쩌나 걱정이 되었다.

교통사고 후
드리운 그림자 ◆

        교통사고는 현대인들이 겪을 수 있는 가장 일반적인 사고다. 2014년 10월 30일 기준, 자동차 등록 대수가 2천만 대를 넘긴 이후로 꾸준하게 증가세를 기록하고 있다. 2020년 12월을 기준으로 등록된 자동차는 모두 2,437만 대로, 인구 2.13명당 자동차 1대를 보유하고 있는 것으로 나타났다.

  개인이나 가정의 상황에 따라 다르겠지만 요즘은 소위 '세컨드 카'를 보유하는 경우도 많아졌다. 세컨드 카란 말 그대로 개인이나 가정에서 구입하는 두 번째 차라는 뜻이다. 원거리용과 단거리용으로 구분해서 사용하기 위해, 부부 모두 차가 필요해서, 또는 여가를 즐기기 위해 세컨드 카를 구입한다. 국민들의 경제 수준이 나아지고 삶의 패턴이 다양해짐에 따라 자동차 등록 대수는 점점 더 많아지고 있다.

  나처럼 10년 이상 운전했던 사람들은 수치로 확인하지 않아도 차가 많아졌다는 걸 체감할 수 있다. 정부에서는 계속 새로운 도로를 만들지만 차량 증가 속도를 따라가지는 못하는지, 교통체증이 날로 심해졌다. 이렇게 차가 많아지면 자연스레 교통사고도 증가할 수밖에 없다. 2020년을 기준으로 한 해 교통사고 사망자는 3,081명이었고, 부상자는 이보다 대략 100배 많은 30만 6,194

죽음의 공포가 잊혀질 않아요

명이었다. 하루를 기준으로 환산해보면 교통사고 사망자는 8.4명, 부상자는 839명인 셈이다. 그나마 다행스러운 점은 1991년을 정점으로 교통사고 사망자 수가 점차 줄어들고 있다는 점이다. 1991년에는 1만 3,429명이었는데, 2004년에는 6,563명으로 반감되었고 그 이후로도 계속 줄어들고 있다. 관련 법규의 정비와 처벌 강화, 자동차 기술의 발전도 영향이 있겠지만, 무엇보다 운전자들의 시민의식이 전보다 향상되었기 때문일 것이다.

그럼에도 여전히 교통사고의 위험은 우리의 일상에 도사리고 있다. 특히 핸드폰이 전화의 기능을 넘어 생활 전반에 필요한 IT 기기로 자리를 잡으면서, 운전 중에 핸드폰을 사용함으로써 생기는 교통사고의 비율이 점차 높아지고 있다.

교통사고를 겪으면 나타나는 후유증은 생각보다 다양하고 심각하다. 특히 대부분의 후유증은 골절이나 디스크 손상이 아닌 경우 X-ray나 MRI 등의 의료 장비로도 확인하기 어렵다는 점에서 환자들은 더 큰 고통을 받는다. 의학적으로 확실한 이상 소견을 보이지 않는데도 계속 통증과 불편감을 느끼는 것이다. 운전할 때의 자세, 즉 의자에 앉아서 구부정하게 앞을 응시하는 자세는 외부의 충격에 취약하다. 이런 자세로 온몸에 물리적인 충격을 받으니 인대와 근육에 손상이 생기는 것은 물론, 근육이 혈관이나 신경까지 압박할 수 있어서 다양한 증상이 나타난다. 몸과 어깨, 허리 통증은 물론 뇌진탕 증세라고 할 수 있는 두통과 어지럼증을 경험할 수도 있다.

신체적인 통증을 수반하는 교통사고 후유증도 힘들지만, 이에 못지않게 정신적 충격으로 인한 후유증도 무시할 수 없다. 연주가 이런 경우였다. 시속 30킬로미터 미만으로 달리다가 가로수를 들이받았기 때문에 신체적인 후유증은 심각하지 않았다. 반면에 정신적인 후유증이 엄청났다.

교통사고로 인해 생기는 정신적인 후유증 중에 가장 대표적인 것이 연주처럼 운전에 대한 두려움이 커져서 운전대를 잡지 못하게 되는 것이다. 딸을 위해 운전면허를 취득하려고 부단히 애썼는데, 혼자 운전대를 잡은 첫날에 사고가 났기 때문에 두려움이 더 크게 자리잡았다.

원래 사고에 대한 두려움과 불안이 커서 운전면허 취득을 계속 미뤘던 터라 다른 사람보다 충격을 더 크게 느꼈던 탓인지, 연주는 사고 이후로 운전을 못하게 됐다. 당연히 아이는 예전처럼 힘들게 학원 버스를 타고 다녀야 했다. 아이는 엄마가 미안해하지 않도록 학원 버스를 타는 것도 나름 재미있다고 말했지만, 연주는 미안한 마음이 컸다. '사고가 나지 않았다면 아이가 조금 더 편할 수 있었을 텐데' 싶은 마음이 들자 왜 자신에게 이런 사고가 일어났는지를 계속 생각하게 되었다. 객관적으로 볼 때 트럭 운전기사의 잘못이 가장 컸다. 하지만 단지 운전기사의 잘못으로 이 모든 상황을 이해하기엔 뭔가 부족하다는 판단이 들었다. 이때부터 연주는 교통사고의 원인 찾기에 몰두했다.

'사고가 있던 날 같이 가자고 했던 남편의 말을 들었으면 이런 일이 일어나지 않았을 텐데….'

'혼자 다녀오더라도 조금 더 일찍 집에서 나왔더라면 트럭을 마주치지 않았을 덴데….'

'트럭이 중앙선을 넘어왔을 때 조금 더 침착하게 대응했더라면, 그래서 핸들을 꺾지 말고 브레이크를 밟았더라면 사고가 나지 않았을 텐데….'

'결혼 전에, 아니면 신혼 초에 남편이 권유했을 때 무섭더라도 운전을 배웠더라면 사고에 좀 더 익숙하게 대처했을 텐데….'

이렇게 생각하니 사고의 원인이 트럭 운전기사가 아니라 연주 자신에게 있다는 생각에 이르렀다. 모두가 자신의 잘못된 선택 때문으로 결론 내렸고, 운전뿐 아니라 매사에 자신감마저 잃어버려 우울해졌다. 이로 인해 불면증도 생겼다.

운전에 대한 두려움은 점점 커졌다. 차의 조수석에 타기만 해도 심장이 미친 듯이 뛰었다. 쌩쌩 달리는 차만 봐도 손이 덜덜 떨렸고, 트럭을 보면 호흡이 가빠졌다. 특히 쥐색에 대한 공포는 상상 이상이었다. 연주 남편의 휴대폰은 뒷면이 쥐색이었는데, 다른 색상으로 바꾸라고 부탁했다. 연주는 자기 옷은 물론이고 남편의 옷

중에서도 쥐색이나 회색 계열의 옷은 다 치워버렸다. 남편은 처음엔 시간이 지나면 괜찮아질 거라며 별일 아닌 것처럼 대했지만, 두려움과 공포에 사로잡히는 아내의 반응을 보고는 연주가 원하는대로 따라주었다. 이러한 상태가 함께 사는 남편과 아이에게도 여러 가지로 불편했지만, 제일 힘든 것은 연주 자신이었다. 무엇보다힘든 건 이런 상태를 연주 스스로가 이해할 수 없다는 점이었다. 그깟 색깔이 뭐라고, 쥐색만 보면 소스라치게 놀라는 자신이 너무싫었다.

두려움과
두려움이 겹칠 때 ◆

　　　　　연주가 교통사고로 크게 다친 것도 아닌데이렇게까지 예민하게 반응하는 건 죽음의 공포와 두려움이 교통사고에서 경험했던 것들과 기억에서 '연합'되었기 때문이다. 심리학에서 '연합association'이란 개념은 학습심리학 파트에 등장한다. 학습심리학이라고 하면 학생들한테 공부를 잘해서 성적을 높이는 방법을 알려주는 심리학이라고 생각하는 사람들이 있을 거다. 이름만 들으면 그렇게 오해할 수 있다. 그러나 여기서 말하는 학습learning은 '경험을 통한 변화'라는 의미다.

사람의 변화에는 크게 두 종류가 있다. 하나는 타고난 유전에 근거해 시간에 따라 나타나는 변화이고, 또 다른 하나는 처한 환경에 근거해 경험에 따라 나타나는 변화다. 앞의 것을 성숙^{maturation}, 뒤의 것을 학습이라 한다. 성숙은 사람들에게 보편적으로 나타나는 공통 현상이지만, 학습은 개인이 처한 환경과 경험에 따라 다르게 나타나는 개별 현상이다. 이처럼 변화를 두 가지로 구분하면 인간의 마음과 행동을 대부분 학습으로 설명할 수 있다.

학습심리학에서는 인간의 마음과 행동이 학습의 결과라고 본다. 말과 생각, 행동과 습관, 기억과 상상까지 모두 학습의 결과다. 연주가 교통사고라는 경험으로 갖게 된 운전에 대한 두려움, 트럭을 보면 놀라는 마음, 쥐색에 대한 공포 역시 학습으로 설명 가능하다. 학습의 여러 유형 중에 연합학습으로, 연주의 증상이 생기는 이유와 극복 방법을 찾아볼 수 있다.

심리학에서 가장 유명한 실험 중의 하나는 파블로프^{Ivan Pavlov}가 개를 대상으로 한 것이다. 심리학 교과서에 단골처럼 등장해 많은 이들이 파블로프를 심리학자로 알지만, 사실 그는 소화액 분비 연구로 노벨상을 받은 러시아의 생리학자다. 파블로프는 소화액 분비 연구를 위해 다양한 수술을 하고 회복하는 과정을 관찰해야 했다. 사람을 대상으로 실험할 수는 없기에 토끼, 돼지, 고양이, 개를 연구 대상으로 삼았는데, 이 중에서 연구가 가장 용이했던 동물은 개였다고 한다.

그가 개를 대상으로 진행했던 실험은 여러 종류였는데, 그 중의 하나가 개의 침샘에 호스를 꽂고 개가 음식을 먹을 때마다 침이 얼마나 분비되는지를 측정하는 것이었다. 이를 위해서 파블로프는 개의 침샘에 연결된 호스가 빠지지 않도록, 그리고 침 분비가 운동의 영향을 받지 않도록 하기 위해 개를 움직이지 못하게 결박했다 _{이런 상황에서는 개가 스스로 먹이를 찾아먹을 수 없다.} 또한 정확한 실험 결과를 얻기 위해서는 일정한 양만을 먹여야 했다. 파블로프는 연구원에게 정시에 정량의 먹이만을 가져다주라고 지시했다.

개는 연구원이 가져다준 먹이를 먹을 때마다 침을 흘렸다. 침은 안타깝게도 개의 식도가 아닌 연결된 호스를 통해 밖으로 흘러내렸다. 파블로프와 연구원들은 열심히 침의 양을 측정했다. 이처럼 먹이를 먹을 때 침샘에서 침이 분비되는 것은 당연한 일이었다. 그런데 연구원이 이후로 몇 차례 먹이를 가져다주었을 때, 예상치 못한 일이 벌어졌다. 늘 먹이를 가져다주던 연구원이 먹이 없이 개 옆을 지나갔을 뿐인데도 갑자기 개가 침을 흘렸던 것이다.

이 연구의 관심사는 침의 양이었지, 침을 흘리는 시기는 아니었다. 당연히 먹이를 먹을 때 침을 흘릴 거라고 생각했기 때문이다. 그래서 연구원이 지나가면서 개가 흘리는 침을 보고 '어, 별일이다 있네?' 하고 넘어갔을 수도 있는 상황이었다. 그러나 파블로프는 이것을 보고받고, 개가 왜 침을 흘렸는지에 대하여 고민에 빠졌다. 먹이를 주지 않았는데, 몸을 움직이지 못하게 했는데도 침을 흘렸다면 무슨 이유가 있을 것이라고 생각했다.

파블로프는 연구원이 의도치 않게 개에게 전달한 자극이 있을 거로 가설을 세웠다. 연구원의 외양, 체취, 발걸음 소리 등 그 어떤 자극이 개로 하여금 침을 흘리게 했을 것이라는 가설을 바탕으로 새로운 실험을 설계해서 다음처럼 진행했다.

첫 번째 단계에서 개에게 종소리를 들려주고 침을 흘리는지 관찰했다. 당연히 침샘에 연결된 호스로 흘러내리는 침은 없었다. 두 번째 단계에서 개에게 먹이를 가져다주었다. 개는 먹이를 먹으면서 침을 흘렸다. 종소리를 들려주었을 때는 침을 흘리지 않고 먹이를 먹을 때 침을 흘리는 건 당연한 일이었다. 굳이 실험하지 않아도 알 수 있는 결과였다. 파블로프의 관심은 그 다음 세 번째 단계였다. 종소리를 들려주면서 먹이를 주었고, 개는 침을 흘렸다. 분명 이 침은 먹이 때문에 흘리는 것이다. 그는 이 과정을 여러 번 반복했다. 그러다 종소리만 들려주었다. 과연 개는 어떻게 반응했을까? 첫 번째 단계에서 그랬던 것처럼, 이번에도 침을 흘리지 않았을까? 아니면 세 번째 단계에서 종소리와 함께 제시되는 먹이를 먹으면서 침 흘리는 경험을 했으니, 침을 흘렸을까? 결과는 후자였다. 먹이 없이 종소리만 제시되었는데도 개는 침을 흘렸다. 이것을 가리켜 종소리와 먹이가 연합되었다고 한다. 이 연합 때문에 먹이에 대한 반응을 종소리에 대해서도 보인 것이다.

어떤 이들은 개가 종소리를 듣고 먹이가 나올 것을 예상해서 침을 흘린 것은 아니냐고 반문할 수 있다. 하지만 반복된 실험을 통해 심리학자들은 인지적인 해석 때문이 아니라 자동적인 반응이라는 것을 발견했다. 우리가 어떤 음식의 냄새를 맡고 침을 흘리는 것도 마찬가지다. 청국장처럼 향이 강한 음식을 좋아하는 사람들은 음식의 냄새만 맡아도 입안에 침이 고였던 경험이 있을 것이다. 침이 고이는 것은 자동적인 반응이다. 청국장 냄새를 맡는다고 '누가 나에게 청국장을 주겠구나', '내가 이제 청국장을 먹겠구나' 하고 예상해서 미리 입에 침을 모아 놓는 것이 아니다.

청국장 냄새는 파블로프의 개에게는 종소리 같은 중성자극, 처음에는 아무런 반응도 끌어내지 않는 자극이다. 그런데 청국장을 먹으며 맛있다고 느끼면서 침샘에서 침이 분비되는 경험을 반복했기 때문에, 나중에는 냄새만 맡아도 침이 분비되는 것이다. 청국장을 먹지 못할 만한 상황에서도 말이다. 그렇다면 청국장을 싫어하는 사람들은 어떨까? 냄새부터 묘했는데 먹어보니 너무 별로라는 생각이 들고 불쾌감마저 느꼈다면, 나중에 냄새만 맡아도 기분이 나빠질 거다. 당연히 침도 고이지도 않는다. 청국장 냄새를 맡았다고 '이제 누가 나에게 강제로 청국장을 먹으라고 하겠구나. 그래서 내가 괴롭겠구나' 예상해서 불쾌한 것이 아니다.

이처럼 두 사건을 연합시키는 절차를 '조건형성conditioning'이라고 한다. 한 자극이 제시되는 조건에서 다른 자극이 제시될 때, 다시 말해 어떤 자극이 조건적으로 제시될 때 연합이 발생한다고 해서 붙은 이름이다. 조건형성을 통해 경험할 수 있는 연합학습의 원리는 우리 일상 곳곳에서 발견할 수 있다. 부모가 아이에게 '사과'라는 단어를 가르쳐주는 장면을 떠올려보자. 사과를 들어 보이면서 '사과'라는 말을 반복한다. 그러면 아이는 사과의 이미지와 '사과'라는 소리를 연합시킨다. 그래서 부모가 사과를 보여주면서 "이게 뭐지?"라고 물으면 아이들은 "사과"라고 대답한다.

이처럼 연합은 자동적이고 기계적으로 발생한다. 어떤 부모도 아이에게 처음 단어를 가르쳐줄 때 사과를 보여주면서 "우리나라에서는 이렇게 생긴 과일을 사과로 부르기로 약속했단다. 이 약속은 어느 누가 계획적이고 의도적으로 한 것은 아니고, 아주 자연스럽게 생겨난 약속이야. 그러니 너도 앞으로 이런 과일을 보면 사과라고 불러라" 하고 아이를 이해시키지 않는다. 또한 부모가 사과를 보여주면서 "이게 뭐지?" 하고 물었을 때, 어떤 아이도 '우리나라에서는 이렇게 생긴 과일을 사과로 부르기로 약속했지' 생각한 다음 "사과"라고 대답하지 않는다. 그냥 자동적이고 기계적으로 "사과"라고 반응한다.

연합이 의도적이거나 인지적으로 발생하는 게 아니라 자동적이고 기계적으로 발생한다는 것은 연주가 겪었던 교통사고를 비롯해 과거의 사건으로 트라우마를 겪는 사람들을 이해하는 데 큰 도움이 된다.

남들에겐 쉽지만
나에겐 어려운 ◆

　　연주는 교통사고 이후로 그 당시 상황과 관련된 모든 것에 대한 공포와 두려움이 생겼다. 연주가 직접 운전했던 차와 정면충돌할 뻔했던 트럭이 무서워졌다. 실제로 퇴원하고 집으로 가기 위해 주차장에 갔다가 서 있는 차를 보자마자 심장이 빠르게 뛰었고, 집으로 돌아가는 길에 멀리서 달려오는 덤프트럭을 보고 소스라치게 놀랐다. 심지어 사고 난 덤프트럭과 같은 색깔인 쥐색에 대해서도 불안 반응이 생겼다. 남편이 운전하고 자신이 조수석에 다는 것만으로도 연주는 힘들어했다. 이런 상황에서 직접 운전대를 잡는 것은 불가능에 가까웠다.

　물론 사건 이후에 아이를 위해 운전을 다시 해보려고 도전도 했었다. 학원 버스에서 오랜 시간을 보내는 아이에게 미안했기 때문이다. 그래서 혼자 차를 몰고 동네 한 바퀴라도 돌아보자고 결심했다. 연주는 주차장에 서 있는 차를 보자마자 심장이 미친 듯 뛰었지만 포기하지 않고 운전석에 앉아 시동을 걸었다. 얼마나 긴장했는지, 어깨가 딱딱해졌다는 게 느껴졌다. 기어를 넣고 브레이크에서 발을 떼어 가속 페달로 밟을 옮기려는데, 도저히 발이 말을 듣질 않았다. 다리가 마비된 것처럼 굳어버렸고 이미 온몸에는 식은땀이 나기 시작했다. 당장 포기하고 싶었지만 왠지 포기하면 안될 것 같은 생각이 들었다. 그래서 억지로 발을 들어 가속 페달 위로 겨우 옮겨 놓았다. 하지만 긴장할 대로 긴장한 상태에서 운전이 될 리 없었다. 결국 주차장에서 10미터 정도 움직이고 운전을 포기했다.

남편은 이런 연주를 처음엔 안타까워하다가 조금씩 답답하게 여겼다. 운전하는 것은 물론이고 조수석에 앉는 것도 힘들어하고, 심지어 트럭이나 쥐색을 보면 소스라치게 놀라는 건 너무 과하다 싶었다. 그래서 계속 이런 말을 했다.

"살다 보면 누구나 크고 작은 교통사고를 한 번쯤은 겪어. 그렇다고 당신처럼 운전대를 못 잡지는 않아."

"그래, 또 사고가 날까 봐 두려울 수야 있지만, 사고 난 경험으로 오히려 더 조심스럽게 운전하면 앞으로 사고가 안 날 가능성이 높아져."

"내가 신문 기사를 봤더니 일생 동안 교통사고로 다칠 확률은 35.2퍼센트, 죽을 확률은 1.02퍼센트밖에 안 된대. 그러니 너무 걱정할 필요 없어."

"막말로 당신이 트럭이랑 충돌했어? 아니잖아. 다행히 빨리 핸들을 꺾어서 가로수를 들이박았던 거잖아. 근데 트럭에 대한 공포증이 왜 생겨? 난 이해가 안 돼."

"쥐색 트럭 때문에 쥐색 물건을 무서워하는 게 말이 돼? 당신이 너무 오버하는 거야."

　대부분의 사람들은 이런 말에 동의할 것이다. 처음에는 교통사고의 충격 때문에 당시 사고 상황과 관련된 것에 대해서 어느 정도 두려움을 느낄 수야 있지만, 이것이 여러 달 이상 지속되고 차를 타지 못할 정도까지 된다는 게 상식적으로 이해되지 않을 테니 말이다. 하지만 연합의 관점에서 보자면 충분히 가능한 일이다.

　본래 연주는 겁이 많고 불안도 높은 편이었다. 그동안 주변의 권유에도 불구하고 운전면허를 취득하지 않고 계속 미뤄왔던 건 뉴스를 통해 접하는 교통사고에 대한 두려움이 컸기 때문이다. 사고 관련 뉴스를 접할 때마다 운전이라는 중성자극과 교통사고에 대한 두려움이 연합되기 시작했다. 이런 상황에서 현실적인 필요성 때문에 운전면허 취득에 도전했다. 기능시험은 세 번, 도로주행은 네 번이나 떨어졌다. 연주는 이 경험으로 운전과 두려움이 더 강하게 연합되었다. 자신이 운전에 소질이 없어서 잘못하다가는 진짜 사고가 날지도 모른다는 걱정이 커진 거였다.

　게다가 운전에 대한 두려움을 안고 남편과 함께 나간 도로연수에서도 연주는 두려움과 긴장의 끈을 놓을 수 없었다. 앞에 있는 차, 옆으로 지나가는 차를 보면서 동시에 신호등과 보행자를 살피고, 또 계기판을 확인하면서 손으로는 방향등을 조작하고, 발로는 열심히 가속 페달과 브레이크를 밟아야 하니 정신이 혼미해질 정도로 불안을 느꼈다. 게다가 조수석에 탄 남편이 예민해져서 계속 잔소리를 하고 화까지 내니 운전할 때마다 불안과 공포를 느꼈다. 이런 상황에서 처음으로 혼자 운전대를 잡은 날, 죽음의 공포를 경험했다. 당연히 운전과 관련된 모든 것과 불안이 강하게 연합될 수밖에 없었다.

앞서 언급했듯이 연합은 논리적이고 합리적인 이유와 근거로 일어나지 않는다. 경험을 통해 자동적이고 기계적으로 일어난다. 그래서 아무리 남편이 논리적으로 설득해서 아내의 불안을 낮추려고 해도 실패하는 것이다. 문제는, 연주 스스로도 남편의 말이 불쾌하고 화가 나지만 반박할 수 없고 납득이 된다는 점이었다. 그래서 연주는 운전에 대해 더 위축되었고 자신감을 잃었으며, 불안과 공포를 느낄 수밖에 없었다.

이해받지 못하는
불안과 친해지기 ◆

연주가 교통사고라는 끔찍한 경험으로 이런 증상을 겪는 것이 연합으로 설명될 수 있다면, 반대로 이런 증상을 완화시키는 것도 연합으로 설명이 가능할까? 물론이다. 운전이라는 중성자극과 교통사고의 공포가 연합되어 운전을 못하게 되었으니, 이것을 역으로 이용하면 된다. 다시 말해 운전과 편안함을 연합시키는 것이다. 이를 가리켜서 '역조건형성counter conditioning'이라고 한다. 두 사건을 연합시키는 절차인 조건형성을 역으로 적용하는 것이다.

역조건형성은 불안으로 고통받는 정신장애를 치료하는 데 사용하는 대표적인 방법이다. 벌레나 새, 개나 고양이 등을 두려워하는 동물공포증, 막힌 곳이나 높은 곳을 두려워하는 상황공포증, 사람을 마주하는 것이나 무대에 서는 일처럼 주목받는 것을 무서워하는 사회공포증을 비롯해, 각종 사고나 폭력 사건으로 발생하는 외상후스트레스장애PTSD, 강박사고 때문에 유발된 불안을 중화시키기 위해 특정 행동을 반복하는 강박장애를 치료하는 데도 탁월한 효과를 보인다.

역조건형성의 원리는 이렇다. 어떤 경험을 통해 특정 반응을 유발하지 않는 중성자극과 불안을 연합시켰으니, 새로운 경험을 통해 해당 자극을 불안과 반대되는 편안함과 연합시키는 것이다. 동물공포증이 있는 사람이라면, 공포를 느끼는 해당 동물을 편안한 상태에서 반복적으로 노출시키는 것이다. 당연히 한 번의 노출로 해당 동물에 대해 공포가 사라지고 편안함이 연합되지는 않는다. 편안함을 확실하게 느끼는 상태에서 적절한 수준의 노출을 반복 경험해야 한다. 세부적인 방법은 경우에 따라 다르지만, 어쨌든 역조건형성의 원리는 불안을 유발하는 그 상황을 편안한 상황에서 다시 마주해 새로운 연합을 만들어내는 것이다.

역조건형성의 원리를 들으면 사람들은 혼란스러워한다. 일반적으로 사람에겐 부정적인 감정을 싫어하는 경향이 있기 때문이다. 그래서 어떤 대상이나 상황에 공포와 불안을 느낄 땐 누가 시키지 않아도 자동적으로 회피한다. 벗어나면 편안함과 안도감을 느낀다. 그런데 극복하기 위해 공포와 불안을 느끼는 대상이나 상황과 의도적으로 마주하라니, 도저히 받아들이지 못하겠다고 말하는 사람들이 대부분이다.

물론 공포와 불안을 일으키는 대상을 영원히 마주하지 않고 피할 수 있다면, 피하는 것도 좋은 방법 중의 하나다. 나는 심해深海, 즉 깊은 바다룰에 대한 공포증이 있다. 물을 무서워하는 것은 아니다. 강습을 몇 년간 꾸준히 받아서 수영은 곧잘 한다. 구명조끼 없이도 체력이 달리지 않는다면 물에 빠져 죽지 않을 자신이 있었다.

그런데 수년 전에 동남아로 떠난 여행에서 스노클링을 하던 중에 수심이 깊은 바다 계곡을 구경하기 위해 다가가고 있었다. 근데 갑자기 큰 파도가 치면서 몸이 휘청거렸고, 스노클링 장비 안으로 바닷물이 들어와 꿀꺽 삼키게 되었다. 수경까지 문제가 생겨서 눈과 코에 바닷물이 잔뜩 들어갔다. 앞은 안 보이고, 숨은 쉴 수가 없고, 파도는 계속 내 몸을 이리저리 휘두르며 때리고 있었다. 심장이 빠르게 뛰고 호흡이 가빠졌다. 갑자기 내 발 아래로 나를 삼킬 듯한 깊은 바다가 입을 벌리고 있다는 생각이 들었다. 공포에 사로잡힌 나는 젖 먹던 힘까지 발휘해 뭍으로 헤엄쳐 나왔다. 그날 이후로 심해공포증이 생겼다. 다행히 내 일상에서 심해를 마주할 일은 흔치 않다. 어업에 종사하는 사람도 아니고, 물놀이를 가도 깊은 바다는 피하면 그만이다. 그래서 굳이 심해공포증을 극복할 필요를 느끼지 않는다.

하지만 요즘처럼 어디를 가나 반려동물을 만날 수 있는 환경에서 개나 고양이에 대한 공포증이 있다면 일상이 힘들어진다. 학생이나 직장인에게 사회공포증이 있어서 발표하길 무서워한다면 정말 큰 문제다. 당장은 피할 수 있지만 언제 또다시 마주할지 모른다는 두려움 때문에 공포와 불안은 점점 더 커지게 마련이다.

연주의 상황도 마찬가지다. 평생 차를 타지 않을 수 있고, 트럭을 보지 않을 수 있는 세상에 살아간다면 문제될 게 없다. 그러나 자신이 직접 운전하든, 아니면 남이 운전하는 자동차를 타든 사회생활을 하려면 피할 방법이 거의 없다. 길을 가다가 언제든지 트럭을 볼 수 있고, 또한 쥐색을 피하기도 여간 어려운 일이 아니다. 이런 상황에서는 당장의 불안을 피하려고만 들면, 결국 해당 자극에 대한 불안과 공포가 더 커지는 역설이 발생한다.

그렇다면 교통사고로 생겨난 긴장과 불안, 공포를 어떻게 극복할 수 있을까? 가장 먼저 생각해야 할 것은 긴장과 불안, 공포와 반대되는 편안함의 상태를 만드는 것이다. '편안함'보다는 즐거움과 행복이 불안, 공포와 반대가 아니냐고 생각할 수 있다. 물론 그러한 면도 있긴 하지만 신체 반응으로 보자면, 불안의 반대는 편안함이 맞다.

우리가 즐겁다고 할 때는 신체가 각성되고 흥분한 상태다. 신체의 각성과 흥분은 즐거움뿐 아니라 긴장과 불안과도 연결된다. 이 때문에 놀이공원에서 신체를 극도로 긴장시키는 롤러코스터를 타면 짜릿함과 즐거움을 느끼는 사람도 있지만 불안과 공포를 느끼는 사람도 있는 것이다. 그래서 공포를 극복하기 위한 역조건형성에서는 편안함을 우선으로 꼽는다.

마음이 편안한 상태는 어떻게 만들 수 있을까? 우리의 감정은 신체 반응과 밀접하게 연관 있다. 불안을 느끼면 온몸이 경직되고 굳으며, 심장 박동과 호흡이 빨라진다. 반대로 온몸이 이완되고 심장 박동과 호흡이 느려지면 신체 상태에서는 불안이 잦아든다. 심리학자들은 이러한 감정과 신체 반응의 연관성에 주목했다. 그래서 역조건형성을 하는 첫 번째 단계로 충분한 근육 이완과 복식호흡을 훈련시킨다.

근육을 이완하는 방법에는 여러 가지가 있지만, 쉽게 할 수 있는 스트레칭만으로도 충분하다. 바닥에 눕거나 의자에 앉아서 온몸의 근육을 하나씩 이완해보자. 이완을 제대로 하기 위해서는 강한 긴장 상태가 먼저 필요하다. 예를 들어 양손으로 주먹을 강하게 쥐어보자. 더 이상 힘을 줄 수 없을 정도로 꽉 주먹을 쥐고 10초를 센다. 10초 후엔 손에서 힘을 뺀다. 의도적으로 손을 펴는 게 아니라, 강하게 주었던 힘을 더 이상 주지 않으면 손은 자연스럽게 이완된다. 이런 식으로 손, 팔, 어깨, 발, 종아리, 허벅지, 배, 등, 목, 얼굴 등 신체의 모든 부위를 이완시켜보자.

편안함을 유발하는 또 다른 방법은 복식호흡이다. 최대한 천천히 숨을 들이마시고 잠시 멈췄다가 다시 천천히 내쉬는 것을 반복해보자. 가슴으로 하는 호흡이 아니라 배에 공기를 가득 채우면서 배를 내밀면서 숨을 들이마시고, 배를 집어넣으면서 숨을 내뱉는 복식호흡은 이완에 효과가 좋다. 호흡을 더 길게, 더 천천히 하는 복식호흡과 근육 이완을 제대로 하면 신체와 마음이 편안한 상태가 된다.

역조건형성을 위한 두 번째 단계는 편안한 상태에서 불안과 공포를 유발하는 자극에 스스로를 노출하는 것이다. 연주의 경우엔 자동차를 보거나, 타거나, 운전을 하거나, 덤프트럭을 마주하거나, 쥐색을 쳐다보는 것이다. 이 과정을 '노출'이라고 하는데, 노출은 크게 두 가지 방법으로 진행할 수 있다.

불안을 느끼는 정도가 크지 않고 단기간에 불안을 극복하고 싶다면 최고 수위의 노출을 진행한다. 이를 가리켜 '홍수법'이라고 한다. 예를 들어 동물공포증의 경우, 스스로 도망칠 수 없는 작은 공간에 동물 여러 마리와 함께 머무는 것이다. 그 안에서 계속 근육 이완과 복식호흡을 통해 편안함을 유지하려고 해야 한다. 몇 차례 반복함으로써 오랜 시간 편안함을 유지할 수 있게 되면 해당 동물과 편안함이 연합되어 더 이상 공포를 느끼지 않게 된다. 또 다른 예로 교통사고 이후로 운전하는 게 두렵다면 운전석에 앉아서 근육 이완과 복식호흡을 반복해보면 된다. 빨리 극복하기 위해서는 자주, 오랜 시간 반복하면 된다. 그러면 나중에는 운전석에 앉아도 편안함을 느끼는 때가 마침내 온다. 운전석과 연합되었던 불안, 공포 대신 편안함이 연합되었기 때문이다.

이때 두 가지가 전제되어야 한다. 하나는 대상^{동물}이나 상황^{운전석}으로부터 직접적인 공격을 받지 않아야 한다는 것이다. 또 하나는 당사자가 중간에 포기하고 도망치지 않을 수 있어야 한다. 만약 직접 공격을 받게 되거나, 중간에 도망치게 된다면 오히려 공포증과 회피 행동은 더욱 강화될 것이다.

하지만 연주의 경우엔 불안과 공포의 수위가 워낙 강하게 경험되었던 터라 자동차만 봐도 온몸이 떨린다고 했다. 이런 상황에서는 홍수법을 시도해서는 안 되고, 단계를 설정해서 가장 쉬운 단계부터 노출해야 한다. 이를 가리켜 '점진적 노출'이라고 한다. 예를 들어 자동차를 실제로 보는 것만으로도 너무 불안하다면 사진을 활용하면 된다. 근육 이완과 복식호흡으로 충분히 편안함을 느끼게 된 조건에서 자동차 사진을 꺼내어 보면 된다. 차 사진을 보는 순간 다시 호흡이 빨라지고 근육이 긴장되면, 사진을 내려놓고 다시 이완과 호흡을 실시한다. 편안해졌다면 다시 사진을 보고, 또 긴장되면 이완과 호흡을 하면 된다. 이 과정을 여러 차례 반복하다 보면 나중에는 사진만으로는 긴장하지 않게 된다. 그러면 다음 단계로 넘어간다.

다음 단계는 주차장에서 멀찍이 세워둔 자동차를 쳐다보는 것이다. 긴장되면 이완과 호흡, 편안해지면 다시 쳐다보기. 이 과정을 통해 자동차를 쳐다보는 것이 좀 편안해지면 그때서야 조금씩 가까이 다가가본다. 다시 긴장되면 이완과 호흡을 하고, 괜찮아지면 다시 쳐다보는 식으로 자동차와의 거리를 조금씩 좁힌다. 그다음엔 운전석에 앉아보고, 또 괜찮아지면 시동을 켠 채로 운전석에 앉는다. 이렇게 단계를 나눠서 계속 역조건형성을 하면 결국엔 다시 운전도 할 수 있게 된다. 덤프트럭에 대한 공포나 쥐색에 대한 거부감 역시 같은 원리로 극복할 수 있다.

이런 역조건형성을 통해 불안과 공포는 시간이 오래 걸릴 뿐, 얼마든지 극복이 가능하다. 운전을 다시 할 수도 있고, 트럭을 보고 놀라지 않을 수도 있고, 쥐색에 대한 거부감도 사라질 수 있다. 인간의 적응력은 우리가 생각하는 것 이상이다. 제아무리 무섭고 힘든 자극이나 상황도 반복적으로 경험하다 보면 곧 익숙해지고 괜찮아진다.

양계농장에서 태어난 사람은 새공포증을 겪지 않고, 어린 시절에 산과 들에서 벌레를 잡으며 놀던 사람은 벌레공포증을 겪지 않는다. 어업에 종사하는 사람은 나처럼 심해공포증을 겪지 않는다. 어떤 것을 무서워하게 되면 그것이 자기 생명을 위협할지도

173

모른다고 생각하게 되는데, 사실 마음의 공포는 실제의 위협과는 별개의 것이다. 현대인들의 생명을 위협하는 건 벌레보다는 자동차인 경우가 많다. 각종 벌레에 쏘여서 죽을 수도 있고 크게 아플수도 있지만, 그 비율이 교통사고로 고통받는 사람의 숫자에 비할바는 아니다. 하지만 현대인 중에 자동차공포증을 겪는 사람은 찾아보기 쉽지 않은 반면, 벌레공포증을 겪는 사람은 많다. 왜 그럴까? 벌레보다는 자동차에 더 자주 계속해서 노출되기 때문이다. 결국 익숙해지면 불안을 이겨낼 수 있다.

기억의 상처를
다시 기억하다 ◆

　　　　　앞에서 설명한 이완과 호흡, 반복적으로 노출하는 방법은 과거의 경험이 현재를 지배하지 못하게 하는 효과가 분명 있다. 하지만 기억상실증에 걸리지 않는 이상, 교통사고경험을 기억 속에서 완전히 지우지는 못한다. 그럼, 그 기억에 묻어 있는 감정을 지우는 건 가능할까? 교통사고의 기억을 떠올려도 감정이 크게 요동하지 않도록 말이다.

　방법이 있다. 미국의 심리학자 프랜신 샤피로Francine Shapiro가 개발한 안구운동 둔감화와 재처리법Eye Movement Desensitization and

Reprocessing, EMDR이 그것이다. EMDR을 발견한 것은 매우 우연한 계기였다. 어느 날 그녀는 과거에 있었던 괴로웠던 경험이 생각났는데, 그 순간 자신의 눈이 빠르게 움직이는 것을 발견했다고 한다. 한참 시간이 지난 후에 그 생각이 사라졌고, 그것을 다시 떠올렸을 때는 이전보다 괴로움이 덜해졌다는 것을 인식하고는 놀랐다. 그래서 이러한 과정을 의식적으로 실험해보았다고 한다. 자신을 괴롭혔던 생각을 떠올리면서 눈을 빠르게 움직이자 같은 결과가 일어났다. 그녀는 이러한 일련의 과정을 체계화하고 발전시켜서 불안으로 고통받는 사람들에게 적용했고, 불안이 상당히 감소했음을 밝혀냈다.

도대체 무슨 일이 일어난 것일까? EMDR의 이론적 배경인 적응적 정보처리 모델adaptive information processing model에 따르면, 우리의 일상적인 경험은 뇌의 정보처리 과정을 통해 기억 체계 안에서 잘 통합된다고 한다. 기분 좋았던 경험은 그 나름대로 기억의 저장고에 넣어두었다가 가끔 떠올려 추억에 젖기도 하고, 또다시 그와 비슷한 경험을 추구하도록 동기를 유발한다. 힘들었던 경험도 마찬가지로 잘 기억해두었다가 반복하지 않을 수 있도록 교훈을 삼는다. 삶의 적응을 위해 정보를 처리하는 셈이다.

하지만 교통사고처럼 죽음의 공포를 느낄 만한 극단적인 경험의 경우에는 기존의 정보처리 시스템을 압도하게 된다. 그래서 기억의 체계 안에 통합되지 못하고 분리된 채로 저장되어 쉽게 자극을 받기도 하고, 당시에 느꼈던 공포와 두려움이 마치 현재 일어나는 일처럼 느껴지기도 한다. 그래서 EMDR을 통해 제대로 처리되지 못했던 과거의 경험을 다시 처리^{재처리}해서 기억의 저장고에 통합시키도록 하는 것이다. 재처리에 성공하면 다른 기억처럼 감정에 압도되지 않을 수 있게 된다.

그런데 과거의 기억을 재처리하는 것과 안구운동은 무슨 관련이 있을까? 안구운동과 기억의 재처리 간의 연관성은 수면의 일종인 급속안구운동^{rapid eye movement, REM} 단계에서 유추해볼 수 있다. REM^렘 단계는 수면 단계 중의 하나인데, 수면 중 눈꺼풀 아래로 눈동자가 빠르게 움직인다고 해서 붙은 이름이다. REM 단계는 수면의 다른 단계와 분명 차이점이 있다. 의식은 깨어 있지 않은데, 뇌는 깨어 있는 것처럼 활발하게 반응한다는 것이다.

REM 단계에서는 뇌가 깨어 있기 때문에 주변의 자극을 받아들여 꿈을 꾸기도 한다. 예를 들어 꿈에서 기상 알람을 끄기 위해 버튼을 눌렀는데도 알람이 꺼지지 않아 짜증을 내면서 잠에서 깼는데 실제로 알람이 울리고 있었던 경험을 해봤다면 이해하기 쉬울 것이다. 바로 이때가 REM 단계였던 것이다. REM 단계에서 꿈을 꾸는 것은 일상에서 경험했던 정보를 뇌의 기억 체계에 통합시키는 것과 연관돼 있다고 한다. 뇌를 활발하게 사용하기 때문에 꿈도 꾸고, 그 영향으로 눈동자를 빠르게 움직이는 것이다. 인간의 감각기관 중에서 시각이 뇌에 가장 큰 영향을 미치는 것과 무관하지 않다. 결국 안구운동과 정보처리 사이의 연관성 때문에, 이것을 이용하여 제대로 처리되지 못한 트라우마 기억을 의도적으로 재처리하는 것이 EMDR이라고 할 수 있다.

EMDR을 하기 위해 필요한 것은 인내심이다. 한 번 실시할 때 30분 이상 안구운동을 해야 하기 때문이다. 예전에는 천장의 양쪽 모서리를 기준으로 삼아 번갈아 쳐다보면서 안구운동을 했었다. 상담센터나 정신건강의학과 병원에서는 고가의 장비를 가지고 EMDR을 실시하는데, 개인이 이런 장비를 구입하기란 불가능했기 때문이다. 하지만 굳이 고가의 장비가 꼭 있어야만 가능한 건 아니다. 어떻게든 안구운동을 실시하면 된다. 요즘에는 EMDR을 할 수 있게 돕는 스마트폰 앱이나 유튜브의 영상도 있다. 어떤 것이든 상관없다. 머리를 고정한 상태에서 좌우로 이동하는 자극을 눈으로 따라가면서 안구운동을 해보면 된다.

눈동자만 좌우도 움직인다고 기억이 재처리되는 것은 아니다. 트라우마 기억을 떠올리면서 동시에 안구운동을 해야 한다. 전문가로부터 EMDR을 받을 경우, 내담자가 트라우마 기억을 떠올릴 수 있도록 보다 자세하게 질문을 던져주거나 또는 내담자가 그 기억을 소리 내어 이야기하도록 유도한다. 중요한 점은 해당 기억을 아주 자세히 떠올리는 것이다. 평소에는 트라우마 기억을 떠올리는 것만으로도 불안과 공포, 두려움에 압도된다. 그러나 안구운동을 하면서 동시에 기억을 떠올리면 두려움에 압도되지 않는다.

기억을 떠올리는 동시에 눈을 움직이는 것이 생각보다 어렵기 때문이다. 몇 번의 연습을 통해 어느 정도 자연스러워지면 안구운동을 하면서도 감정에 압도되어, 안구운동을 지속하기가 어려워진다. 그때는 잠시 눈을 감았다가 다시 안구운동을 신경 써서 해야 한다.

트라우마 기억을 떠올리면서 안구운동을 하다 보면 자연스럽게 다른 장면이 연상될 수 있다. 자연스러운 현상일뿐더러, 기억의 창고에서 다른 정보들과 연결되는 과정이다. 그래도 중점을 두어야 할 것은 트라우마에 대한 기억이니, 다시 안구운동을 하면서 트라우마 기억을 자세히 떠올리는 것이 필요하다.

과거의 기억을 떠올리면서 눈동자를 움직인다고 기억에 덧붙여진 온갖 부정적인 감정이 사라지겠냐고 의구심을 품는 사람도 있을 것이다. 그러나 EMDR은 그 효과가 입증되어 전 세계적으로 사용되는 대표적인 트라우마 기억 치료 방법이다. 자연스럽게 처리되어서 우리의 삶에 도움이 되어야 할 경험이었는데, 심리적 충격이 워낙 컸던 경험이라 제대로 처리가 되지 못했으니 의도적으로라도 다시 처리하는 과정을 겪는 것이다.

불안과 두려움은 나쁜 것이 아니다. 본래 우리의 삶에 도움이 되고 생존에 유익한 감정이다. 만약 인간이 불안과 두려움을 느끼지 못했다면 온갖 위험에 그대로 노출되어 생명을 이어갈 수 없었을 것이다. 하지만 연주처럼 불안과 두려움 때문에 일상이 어려워질 수도 있다. 이것은 뇌의 착각이고, 정보처리의 오류인 셈이다. 이것을 원상태로 돌리는 것이 역조건형성과 EMDR이다. 죽을 것만 같은 공포를 뛰어넘어 다시 운전대를 잡도록 해주고, 교통사고의 기억을 떠올려도 더는 크게 동요하지 않게끔 해준다는 점에서 상처 입은 기억의 놀라운 치료제라고 할 수 있다.

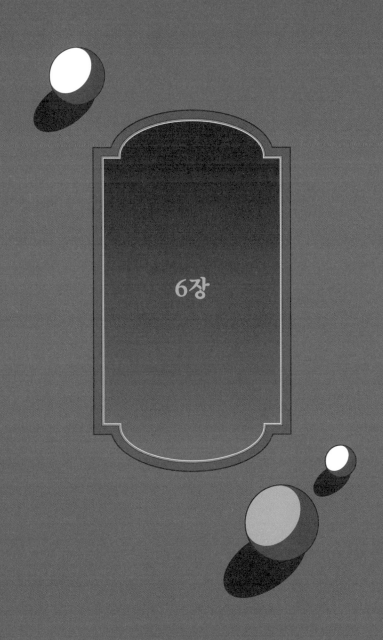

6장

내가 오염될 것
같아요

_오염강박

그·날·의·기·억

수업을 마치고 교문을 나선 후에야 고등학생 정표는 곧바로 주머니에서 핸드폰을 꺼냈다. 학교에서는 핸드폰을 사용할 수 없기 때문이다. 작년에 교사와 학부모, 학생들의 의견을 모아서 결정한 학생 자치회의 규칙을 지키려면 어쩔 수 없다. 정표 역시 핸드폰의 과도한 사용이 면학 분위기를 해친다는 사실에는 동의하지만, 교문을 나서기 직전까지 학생 자치회 임원들이 학생들의 핸드폰 사용 여부를 감시하는 것에 대해서는 내심 못마땅했다. 하지만 남에게 지적받는 것은 더 싫어서 교문을 나서기 전까지는 핸드폰을 꺼내지 않다가 교문을 벗어나면 곧바로 전원을 켜서 SNS를 살펴보고, 곧바로 게임 모드로 들어간다.

학교에서 집까지는 걸어서 30분 정도 걸린다. 걷기에는 조금 먼

거리라 바쁜 아침엔 버스를 타지만, 하교할 때는 늘 걸어 다닌다. 집에 가면 핸드폰 좀 그만하라는 부모님의 잔소리를 듣는 게 싫어서 웬만하면 하지 않는다. 대부분의 경우 집에 가방만 던져두고 곧바로 학원에 가야 해서 핸드폰을 마음 놓고 할 수가 없기 때문에 하교 후 집으로 걸어가는 그때가 가장 마음 편히 게임을 즐길 수 있는 시간이다.

길을 걸으며 게임하면 마주 오는 사람이나 자전거와 부딪힐 수 있다고 어머니는 걱정하지만 정표는 그 말에 동의하지 않는다. 이런 식으로 게임한 지 5년차라는 나름의 자부심도 있다. 초등학교 6학년 때부터다. 물론 그동안 위험했던 적이 한 번도 없었던 것은 아니지만, 고등학생이 된 지금까지도 걸으면서 게임하는 데 불편함을 느낀 적이 없다. 요즘은 이어폰까지 꽂는다. 효과음을 들어야 게임에 더 몰입할 수 있기 때문이다.

이날도 정표는 열심히 게임하면서 마주 오는 사람, 자전거, 그리고 온갖 종류의 장애물을 잘 피했다. 신호를 지키면서 횡단보도를 건넜고, 좁은 골목에서는 차가 지나갈 때까지 옆에 비켜서는 여유도 부렸다. 그렇게 게임에 몰입하며 집을 향해 가던 중, 순간 무언가를 밟은 느낌이 들었다.

'뭐지?'

핸드폰에서 시선을 떼고 발밑을 쳐다보았다. 분홍빛이 도는 죽 같은 것이 땅바닥에 흩뿌려져 있었다. 지난 밤 취객이 만들어 놓은 토사물이었다. 학교에서 집으로 가려면 식당과 술집이 즐비한 골목을 지나야 했다. 정표는 늘 그 골목을 지날 땐 토사물을 피하려고 신경 썼는데, 그날은 게임에 몰입해서 미처 보지 못했다.

다행히 토사물은 좀 말라 있어서 신발에 많이 묻지는 않았다. 정표는 토사물을 제거하기 위해 안전지대로 이동했다. 운동화는 집에 가서 빨더라도 가능한 빨리 응급처치를 해야 조금이라도 찝찝함을 덜 수 있을 것 같았다. 정표는 신발을 건물 벽에 쳐보기도 하고, 나뭇가지를 이용해 떼어내느라 애썼다. 그렇게 5분 정도 지났을까, 이제는 거의 다 됐다는 생각에 신발을 바닥에 내려놓고 막 신으려던 그때, 건물 입구에서 손에 무언가를 들고 나오던 아주머니가 다급한 목소리로 말했다.

"학생, 빨리 좀 비켜줘!"

식당 아주머니의 손엔 당장이라고 터질 것처럼 보이는 커다란 음식물 쓰레기봉투가 들려 있었다. 정표 옆에 음식물 쓰레기통이 있었던 것이다. 신발을 들고 있던 정표는 엉거주춤 옆으로 비켜섰다. 그런데….

"어머, 어떡해!"

아주머니가 들고 있던 음식물 쓰레기봉투가 바닥으로 떨어지면서 터져 버렸다. 그리고 사방으로 음식물 쓰레기가 쏟아졌다. 낙하하는 힘의 반동으로 바닥을 튕겨 정표의 온몸에도 튀고 말았다. 심지어 몇 방울은 정표의 얼굴, 특히 입술 근처에 묻었다. 입술 쪽으로 튄 국물의 일부는 혀에 닿았고, 정표는 그 찝찌름한 맛을 느낄 수 있었다.

정표는 이 모든 과정을 두 눈으로 목격했다. 마치 영화의 한 장면처럼, 느린 동작으로 기억에 남았다. 정표는 너무 당황스럽고 화가나고 괴로웠다. 식당 아주머니는 미안해하며 세탁비를 주겠다고 말했지만, 돈이 문제가 아니었다. 마치 온몸에 토사물과 정체 모를 음식물 쓰레기를 뒤집어쓴 것 같아서, 게다가 그것이 입으로까지 들어갔다고 생각하니 구역질이 나서 견딜 수가 없었다.

정표는 연신 미안함을 표하는 아주머니를 뒤로하고 집으로 내달렸다. 머릿속은 토사물을 밟고 음식물 쓰레기를 뒤집어썼던 그 장면이 반복되었다. 계속 침을 뱉었지만, 그 맛이 느껴지는 것 같아서 괴로웠다. 그럴수록 불안은 점점 더 증폭되었고, 정표의 발걸음은 더 빨라졌다.

집으로 황급히 달려온 정표는 옷을 벗고 화장실로 들어갔다. 갑자기 뛰어들어와서 화장실로 들어가는 모습을 본 어머니가 놀라서 무슨 일이냐고 물었지만 정표는 대답할 수 없었다. 먼저 치약을 한 가득 짜서 양치를 했다. 샤워기를 틀어 뜨거운 물을 준비했다. 물이 따뜻해지자 정표는 양치를 하면서 온몸을 뜨거운 물로 소독하듯 닦았다. 너무 뜨거워서 괴로웠지만 이 정도는 돼야 온몸에 튀어버린 음식물 쓰레기가 사라질 것 같았다. 물비누와 샴푸를 미친 듯이 온몸에 묻혀가며 닦아댔다. 이태리타월로 온몸을 박박 문질렀다. 양치도 세 번이나 더 했다. 평소라면 10분이면 끝날 샤워가 이날은 30분이 넘게 걸렸다.

샤워를 마친 정표는 화장실 문을 열었다. 문 앞에는 자신이 허겁지겁 벗어놓은 음식물 쓰레기가 묻은 교복이 놓여 있었다. 순간 정표는 오물을 뒤집어썼던 장면이 다시금 기억났다. 심장이 빠르게 뛰면서 호흡이 가빠졌다. 다시 재빠르게 문을 닫고 샤워기 속으로 몸을 넣고선 소리쳤다.

"엄마, 그 교복 좀 버려줘! 교복이 오염됐어."

"그게 무슨 말이야? 교복을 왜 버려! 깨끗하게 빨면 되지."

"아냐, 엄마. 제발 버려줘. 그 교복 때문에 못 나가겠어. 지금 당장 버려줘!"

왜 상처받은 기억은 사라지지 않을까?

오염과 감염에
민감해진 사람들 ◆

정표는 이날 이후로 불결과 오염에 점점 예
민해졌다. 공중화장실을 원래 싫어했는데, 더 피하게 되었다. 냄
새가 너무 심했고, 변기 옆에 버려진 더러운 휴지도 참을 수가 없
었다. 바닥에 뱉어 놓은 가래침과 물인지 소변인지 정체를 알 수
없는 물기도 께름칙했다. 그래서 아무리 급해도 배변활동은 집에
서 해결했다. 하지만 완벽하게 몸을 통제할 수는 없는지라, 어쩔
수 없이 공중화장실을 이용할 수밖에 없는 날엔 샤워만 1시간 이
상을 해야 했다.

또한 사람들의 손길이 닿은 곳은 만지지 않으려고 했다. 건물
입구의 큰 유리문을 통과할 때는 손잡이를 만지기 싫어서 앞서
가는 사람 뒤에 바짝 붙어서 문이 닫히기 전에 손이 아닌 발로 밀
고 열어서 통과했다. 손잡이에 있는 온갖 세균과 바이러스가 자신
을 오염시키고 병에 감염될 것 같은 공포감이 들었다.

정표는 외출하고 집에 돌아오면 곧바로 샤워를 했다. 아무리 몸
을 씻어도 불쾌하고 불안한 마음은 가시질 않았다. 그래서 이런
마음이 사라질 때까지 씻었다. 처음에는 마구잡이로 몸을 씻었는
데, 혹시나 자신이 놓친 부위가 있을까 싶어서 나중에는 씻는 순
서와 방법을 정하기도 했다. 하지만 샤워할 때면 어김없이 토사물

내가 오염될 것 같아요

을 밟고 음식물 쓰레기를 뒤집어썼던 그날의 장면이 생생하게 떠올라서 괴로웠고, 그 기억을 씻어버리고 싶어서 정말 최선을 다해 샤워하게 되었다.

최근 정표처럼 오염과 감염에 예민한 사람들이 많아졌다. 여러 가지 이유가 있겠지만, 그 중에서도 빼놓을 수 없는 것은 2019년 말부터 시작된 코로나19COVID-19 때문이다. 예방할 수 있는 백신도 완전하지 않고, 치료할 수 있는 약도 없는 상황에 사람들은 패닉에 빠졌다. 코로나19와 관련된 부정확하고 비과학적인 이야기들이 뉴스를 장식했고, 사람들은 더 불안해했다. 이후로 많은 것이 달라졌지만, 특별히 주목할 만한 변화는 개인위생에 각별히 신경 쓰는 문화가 자리를 잡았다는 점이다. 사람들은 어디에서나 자발적으로 개인위생에 신경 썼다. 손 씻기가 일상화되었고, 손을 씻기 어려운 곳에서는 소독제를 사용했다.

그리고 각종 바이러스를 옮길 수 있는 악수를 거부하는 사람도 많아졌다. 손바닥을 맞잡는 기존의 악수 대신 주먹 악수나 팔꿈치를 맞대는 식의 인사가 생겼다. 많은 사람이 모여 있는 곳에서는 마스크를 착용하고, 대화를 삼가는 것이 에티켓이 되었다. 버스나 지하철 같은 대중교통을 이용할 땐 기침하거나 큰 목소리로 전화 통화를 오래 할 경우엔 싸늘한 눈초리를 받게 되었다. 물론 마스크를 쓰고 있음에도 말이다.

개인위생에 각별히 신경 쓰게 되었다는 말은 정표처럼 오염과 감염에 예민해졌다는 뜻이기도 하다. 코로나19 이전까진 정표처럼 불결한 것에 예민하게 반응하면 주변 사람들은 유난을 떤다고 흉을 보곤 했었다. 누군가가 입에 댄 음식을 다른 사람의 침이 묻어서 못 먹겠다고 하면, 혼자만 깨끗한 척한다고 미움을 사기도 했다.

뉴스나 신문 기사 역시 개인위생의 중요성을 강조하면서 우리가 그동안 일상에서 얼마나 많은 세균과 바이러스에 접촉하며 살아왔는지 너무나 적나라하게 알려준다. 이때 가장 많이 비교해 언급되는 것이 변기다. 우리가 아무 생각 없이 만지고 사용하는 책상, 키보드, 스마트폰, 자동차 핸들, 헬스장 러닝머신 등이 변기보다 더럽다는 것이다. 심지어 매일 입안에 넣는 칫솔이나 커피숍의 머그컵이 변기보다 더럽다는 기사도 있으며, 학생들이 매일 입는 교복이나 잘 때마다 얼굴로 부비는 베개가 변기보다 더럽다는 기사도 있다. 변기가 기준이 되는 이유는 사람들의 머릿속에 가장 더럽다고 인식되어 있는 물건이기 때문일 것이다.

예전에는 이런 기사를 접해도 대부분의 사람이 잠시 흥미롭게 읽을 뿐 대수롭지 않게 여겼다. 신기하다 정도의 반응이었다. 그러나 코로나19 이후로는 달라졌다. 눈에 보이지 않는 작은 바이러스의 위력과 실체를 경험했기 때문이다. 지금 당장이라도 뭔가를 하지 않으면 더럽고 불결한 것에 오염될 것 같고, 세균과 바이러스를 통해 질병에 감염될 것 같은 불안을 느낄 수밖에 없다. 보이는 곳마다, 손에 닿는 곳마다 소독해야 마음이 놓이고, 손은 계속 씻어야 할 것 같은 불안이 엄습해온다. 모두가 오염과 감염에 민감해져버렸는데, 특히 정표처럼 이전부터 오염에 민감하게 반응했던 사람들은 더 큰 고통을 겪게 되었다.

고통스러운 기억을 씻으려는 몸부림 ◆

누구나 정표처럼 더럽고 불쾌한 경험을 하면 찝찝한 기분이 들고, 그 기억 때문에 한동안 고통스러워한다. 그래서 과하게 씻는 행동을 할 수 있다. 하지만 이때 씻는 정도가 보통의 수준을 넘어서서 과하다면 심리적 문제라고 봐야 한다.

과하다는 기준은 무엇일까? 두 가지 특징이 있다. 첫 번째는 시간이다. 사람들마다 샤워하는 시간이 천차만별이겠지만, 특별한 경우가 아니라면 1시간을 넘지 않는다. 사우나가 아니라 집에서 날마다 하는 샤워라면 말이다. 샤워 시간이 길어지는 건 마음의 불안 때문이다. 몸에 있는 세균이나 바이러스를 실제로 제거하는 것이 목적이 아니라, 자신이 오염되었거나 감염되었을지 모른다는 불안을 씻고 싶어 하는 거다.

시간이 이렇게 오래 걸리는 데는 또 다른 이유가 있다. 정표가 그랬듯이 샤워할 때 되는 대로 씻는 것이 아니라, 씻는 방법과 순서가 루틴으로 정해져 있어서다. 이것이 두 번째 특징이다. 마치 어떤 의식儀式, ritual처럼 행해진다.

물론 처음부터 그랬던 것은 아니다. 토사물을 밟고 음식물 쓰레기가 튀었던 날, 정표는 집으로 달려와서 되는 대로 샤워를 했다. 30분 정도 그렇게 정신없이 씻으니 기분도 나아졌다. 하지만 이후로 외출하고 돌아온 날이면 그날의 기억이 떠올라서 그때처럼 철저하게 샤워와 양치를 반복하게 되었다. 그러다 결국엔 다음과 같은 샤워 루틴이 생겼다.

먼저 화장실에 들어가서 샤워하기 전에 욕실 세정제를 사용해 욕조와 변기, 화장실 바닥과 심지어 벽 타일까지 거품을 내어 닦고 솔로 문지른다. 아무리 샤워를 깨끗이 하더라도 화장실 자체가 더럽거나 혹시 모를 세균과 바이러스가 가득하다면 샤워하는 의미가 없기 때문이다. 그래서 20분간 화장실 청소를 하고 나서야 샤워를 시작한다.

시작은 손이다. 처음에는 비누를 양손으로 10번 문지른다. 그다음은 손에 묻은 비누거품으로 왼손부터 시작해 손가락을 하나씩 감싸서 10번씩 돌린다. 엄지, 검지, 중지, 약지, 새끼손가락까지 모두 비누거품으로 묻힌 다음 흐르는 물에 닦는다. 왼손이 끝나면 오른손을 같은 방식으로 닦는다. 그 다음은 다시 비누를 양손으로 10번 문지르고 왼손과 오른손을 맞잡아 깍지를 껴서 10번

191

을 비벼 주고, 흐르는 물에 또 10번을 비비면서 거품을 제거한다.

손이 좀 깨끗해졌다는 생각이 들면 양치를 한다. 음식물 쓰레기를 뒤집어 쓴 날 후로 정표는 불결한 것을 보거나 만지면, 마치 자신의 입으로 그것이 들어오는 그림이 머릿속에 떠오른다. 그래서 정표는 샤워하기 전에 양치를 한다.

양치가 끝나면 샤워가 본격적으로 시작된다. 머리를 감기 위해 먼저 비누를 흐르는 물에 10초 정도 닦는다. 혹시 손을 닦는 동안에 비누에 세균과 바이러스가 묻었을 수 있기 때문이다. 그렇게 비누가 깨끗해지면 흐르는 물에 머리를 적신 후 정수리와 양 옆, 뒤까지 네 군데에 비누를 또 10번씩 문지른다. 그 다음 비누를 내려놓고 양손으로 비누거품을 내는데, 이때도 역시 방법과 순서가 정해져 있다. 머리에 묻은 비누거품을 씻어낸 후 동일한 과정을 다시 한번 반복해서 머리를 감는다. 이제 드디어 몸을 씻을 차례다. 몸 중에서 가장 불결하게 느껴지는 성기와 항문을 먼저 씻고, 땀이 많이 나서 세균이 번식하기 쉬운 사타구니와 겨드랑이, 목과 발을 특정 방법으로 씻는다. 그리고 신체의 나머지 부위를 씻는다.

이렇게 샤워를 마치고 나면 화장실 곳곳에 비누거품과 물이 많이 튈 수밖에 없다. 혹시나 씻는 과정 중에 화장실 곳곳으로 튀었을 수도 있는 세균과 바이러스가 걱정되어서 다시 욕실 세정제로 청소를 한다. 물론 샤워를 시작하기 전만큼은 아니지만, 그래도 10분은 걸린다. 화장실 청소가 끝나면 몸에 땀이 흐른 것 같아서 마지막으로 간단히 샤워를 또 한다. 그리고 제일 마지막에 양치질을 한 번 더 한다. 그러니 당연히 샤워 시간은 남보다 훨씬 길어질 수밖에 없다.

어느 날 친구를 만나고 집으로 돌아오기 위해 버스 정류장에 서 있는데 정표의 옆에 앉은 사람이 기침을 계속 해댔다. 정표는 얼른 자리를 피했지만, 그 장면이 계속 기억에 남아 불안했다. 그 래서 집에 오자마자 루틴에 따라 샤워를 하기 시작했다. 그런데 하필 갑자기 아파트 단지 전체가 정전이 되었다. 컴컴해서 제대 로 씻을 수가 없었다. 어쩔 수 없이 샤워 루틴을 중간에 멈추고서 물만 대충 뿌리고 욕실을 나왔다. 정표는 루틴대로 못한 것 때문 에 자신의 몸에 세균과 바이러스가 아직 묻어 있는 것 같아서 불 안해졌다. 연이어 버스에서 기침하던 사람이 계속 떠올랐다. 그가 기침할 때 나온 비말이 자신의 입으로 들어간 것 같은 착각마저 들었다. 정표는 안절부절 못하고 방을 계속 서성거렸다. 두 시간 정도 후에 전기가 들어왔고, 정표는 화장실로 곧바로 들어가 루틴 대로 다시 샤워를 시작했다.

이런 증상을 흔히 결벽증이라고 말하지만, 결벽증은 정식 용어 가 아니다. 정신건강 전문가들은 이를 강박장애 obsessive-compulsive disorder 라고 부른다. 강박장애는 보통 두 가지 요소로 이루어진다. 불안을 유발하는 생각인 강박사고와 유발된 불안을 중화시키는 강박행동이다. 강박사고는 어느 순간 자동적으로 머리에 딱 꽂히

내가 오염될 것 같아요

는 생각이다. 이를 침투적·자동적 사고라고 한다. 정표는 길거리를 가다가 지저분한 것만 봐도, 누군가가 기침하는 것만 봐도, 길에서 지나가는 사람과 몸이 살짝만 부딪혀도 자동적으로 자신이 오염되고 감염되었다는 생각이 들어서 불안이 폭증되었다. 그럴 때마다 1시간 이상 루틴대로 샤워 의식을 치름으로써 불안을 감소시켰다.

사실 정표가 씻어내고 싶은 것은 불안을 유발한 기억이다. 길거리에서 보았던 지저분한 장면, 옆에서 크게 기침한 사람의 모습, 낯선 이와 부딪혔던 그 순간에 대한 기억을 씻고 싶어서 그렇게 몸을 씻는 것이다. 하지만 이런 행동을 한다고 그 기억이 사라지지는 않는다. 그 기억에 묻어 있는 불안만 조금 줄어들 뿐이다. 그래서인지 정표는 아주 지저분한 장소에서 불안해하면서 샤워하거나 양치하려고 물을 찾아다니는 꿈을 자주 꾸었다. 악몽이 심한 날에는 잠에서 깨어나도 그 기억이 너무 선명하게 떠올라 샤워 의식을 아침부터 치르기도 했다.

정표의 증상인 결벽증은 강박장애의 일종이다. 결벽증 이외에도 다양한 종류의 강박장애가 존재한다. 일례로 어떤 사람은 눈에 보이는 모든 것이 대칭과 균형을 이루어야 편안함을 느낀다. 대칭과 균형이 맞지 않으면 과도하게 불안을 느낀다. 만약 대칭과 균형을 맞추는 게 어렵지 않은 상황이라면 맞추면 되지만, 세상에 있는 모든 것을 자신이 직접 조정할 수는 없다. 이럴 때는 특정 문구를 반복하거나 수를 세는 등의 특정 행동을 통해서 불안을 감소시킨다. 또 어떤 사람은 집에 불이 날 것 같다는 생각에 사로잡히면 갑자기 불안해진다. 그래서 멀쩡하게 있는 가스 밸브가 잘 잠겼는지 확인하려고 밸브를 열었다가 다시 닫는 행동을 자신이 마음속에 정한 횟수만큼 반복한다. 이처럼 강박장애는 불안을 유발하는 생각이 들 때, 그 불안을 감소하기 위해 특정 행동을 루틴대로 하는 모습을 보인다.

멈추고 싶지만
멈춰지지 않는 ◆

　　　　　생명체에게 불안과 공포는 생존을 위해 필요한 감정이다. 불안과 공포를 느낄 때 싸우거나 도망가는fight or flight 것을 선택하기 때문이다. 화산이 폭발하거나 거대한 폭풍이 몰아칠 때 원시인들은 안전한 곳으로 죽을힘을 다해 도망갔을 것이고, 도망가지 못한 이들은 대부분은 죽었을 것이다. 맹수가 쫓아올 땐 제압할 만한 힘이나 기술, 도구가 있다면 싸울 수도 있다. 그러나 잡혀 먹히거나 목숨을 잃을 가능성이 크다면 도망가야 한다.
　물론 현대인들에게 원시인이 겪었던 것 같은 맹수의 위협은 없다. 활화산 주변에 거주하는 것은 금지되었고, 일기예보를 듣고 미리 피신할 수 있고, 폭풍의 피해를 입지 않을 수 있는 튼튼한 집에 살고 있기도 하다. 어쩌면 원시인들에게는 생존에 꼭 필요했던 불안과 공포를 느꼈을 때의 행동 지침이 지금은 대부분 필요가 없어진 셈이다. 하지만 우리의 뇌는 여전히 그때와 비슷하게 작동한다. 이 때문에 전혀 생명을 위협하지 않는 대상이나 상황에 대해서도 불안과 공포를 과하게 느끼는 사람들이 있다.

예를 들어 개나 고양이, 새와 벌레를 무서워하는 경우다. 이런 동물은 맹수가 아니다. 물리거나 쏘인다고 해도 죽지 않는다. 그럼에도 이런 대상에게 공포를 심하게 느껴서 일상생활에 어려움을 느끼는 것을 '공포증phobia'이라고 한다. 개 중에 사납고 공격성이 상당한 맹견猛犬만을 무서워한다면 그건 개공포증이 아니다. 그 두려움은 매우 정상적인 반응이다. 개공포증은 아주 작고 귀여운 강아지에 대해서도 불안과 공포를 느낀다. 높은 곳을 무서워하는 고소공포증이나 사방이 막혀 있는 곳에 가면 과도한 불안을 느끼는 폐소공포증, 뾰족한 것을 극도로 싫어하는 선단尖端공포증도 따지고 보면 생존과는 무관하다.

평가와 선발을 위한 각종 시험, 대출 상환의 압박, 사람들의 시선과 평가에 대해 스트레스 단계를 넘어서 심지어 공포까지 느끼는 사람들이 있다. 시험에 실패한다고, 대출 상환 일정이 다가온다고, 사람들로부터 안 좋은 평가를 받거나 미움을 받는다고 해서 당장에 목숨이 위험해지는 건 아니다. 오염과 감염에 대한 공포도 마찬가지다. 토사물을 밟거나 음식물 쓰레기를 뒤집어썼다고, 그것이 입속으로 들어왔다고 해서 생명이 위험해지거나 죽지 않는다. 공중화장실을 이용하거나 사람들의 손길이 많이 닿았던 손잡이를 만지고 그 손으로 얼굴을 만졌다고 해서 극도의 불안과 공포를 느낄 필요가 전혀 없다는 말이다.

인간은 불안과 공포를 느끼게 되면 자동적으로 싸우거나 도망가거나 둘 중의 하나를 선택한다. 원시인들은 상대를 제압할 수 있으면 싸움을 선택하고 이길 수 없으면 도망을 선택했지만, 현대인들은 도망과 회피를 주로 선택한다. 개와 고양이, 새와 벌레를 보면 기겁하곤 피한다. 높은 곳이나 사방이 막힌 곳엔 근처에도 가지 않으려 하고, 행여나 가게 되면 빠르게 탈출을 감행한다. 뾰족한 것은 다른 무언가로 덮어서 최대한 보지 않으려 하고, 시험에 대한 불안이 극에 달하면 시험장에 나타나지 않거나 상환을 독촉하는 금융권의 연락을 외면한다. 사람들이 많은 곳엔 절대 가지 않고, 발표는 무조건 피한다. 어떤 불이익이 있더라도 말이다.

오염과 감염에 대한 불안과 공포를 느끼는 경우에도 마찬가지다. 일단 그 상황을 피하기부터 한다. 정표도 토사물을 밟고 음식물 쓰레기를 뒤집어썼던 그 장소에서 도망쳤다. 하지만 그곳을 피해서 안전한 집으로 왔다고 해도 괜찮아지지 않는다. 온몸에 음식물 쓰레기가 튀었기 때문이다. 그래서 철저하게 루틴대로 양치와 샤워로 몸에 묻은 오물과 냄새를 씻어내려고 발버둥 쳤다. 이런

내가 오염될 것 같아요

행동 모두 오염과 감염원으로부터 도망치는 것이다. 깨끗하게 씻는 것만으로 마음이 편안해지면 문제 될 게 없다. 하지만 강박장애로 고통받는 사람들은 이 정도만으론 안심하지 못한다. 정표처럼 강박장애로 고통받는 사람들은 이렇게 말한다.

"아무리 깨끗하게 여러 번 씻어도 내 몸 어디엔가 씻지 못한 세균이나 바이러스가 있을 것 같아요."
"수도꼭지, 비누, 샤워기처럼 씻기 위해서 만져야 하는 모든 것이 더럽게 느껴져요. 씻으면서도 오염되는 것 같아요."
"몸을 깨끗하게 씻어도, 그 장면이 떠오르면 마치 그때처럼 내 몸이 더러워진 것 같아서 불안해져요."

비정상적으로 과도하게 씻는다고 볼 수 있지만, 이런 행동은 그만큼 마음의 불안이 크다는 방증이다. 이 때문에 손이나 피부가 갈라지고 터지기 일쑤다. 그런데도 엄청난 불안이 상당 부분 줄어들 때까지 씻는 걸 멈출 수 없다.

그런데 문제는 강박행동을 함으로써 당장에는 불안이 사라지거나 감소해서 좋을지 몰라도, 또다시 불안이 엄습할 때 강박행동을 하게 된다는 데 있다. 즉, 반복된다.

이처럼 어떤 행동을 했을 때 어떤 자극이 사라지고, 그 결과로 행동의 빈도가 증가하는 현상을 심리학에서는 부적 강화^{negative}

reinforcement라고 한다. 강화란 어떤 행동의 빈도가 증가하는 현상을 말하고, 부적이란 말은 어떤 자극이 사라졌음을 의미한다. 참고로 어떤 행동을 할 때 특정 자극이 더해지고^{정적} 결과적으로 행동의 빈도가 증가^{강화}한다면 정적 강화^{positive reinforcement}라고 한다.

그렇다면 강박행동이 어떤 식으로 우리의 마음에 영향을 미치기에 불안과 공포가 감소할까? 첫째로, 강박행동 자체는 주의 집중을 분산하는 효과가 있다. 사람의 주의집중력은 무한대가 아니라서 동시에 두 가지에 전적으로 집중할 수 없다. 강박사고가 시작되어 오염과 감염의 가능성이 있는 경험을 기억으로 떠올리면, 우리의 마음은 불안과 공포로 가득 찬다. 이때 샤워라는 행동은 오염과 감염의 가능성을 줄여주는 실제 행동일뿐더러, 그 자체로 루틴이 있고 반드시 지켜야 하는 것이라서 주의를 필요로 한다. 자연스레 강박사고에 몰려 있던 주의집중력이 분산된다.

둘째, 적지 않은 시간 동안 어떤 행동을 집중해 반복하며 에너지를 사용하면 몸의 힘이 빠지면서 이완된다. 우리의 몸을 싸우거나 도망갈 수 있도록 준비시키기 위해 활성화시켰던 교감신경계 대신 부교감신경계가 활성화되어 편안함을 느낀다. 물론 강박행동을 하는 사람들이 원하는 것은 불안과 공포를 유발하는 찝찝하고 끔찍한 기억을 없애는 것이지만, 뇌 손상을 입지 않은 이상 기억은 쉽게 사라지지 않는다. 그 대신에 기억에 묻어 있는 불안과 공포가 잠잠해졌다고 느낀다. 이런 이유로 강박사고와 강박행동

내가 오염될 것 같아요

은 서로 간에 좋은 짝이 된다.

더러움 속으로
다시 들어가보기 .

　　　　　강박행동으로 당장에는 불안과 공포에서 벗
어나 편안함을 느낄지 모르겠지만, 역설적으로 강박행동은 불안
과 공포에서 벗어날 기회를 놓치게 만든다. 불안과 공포는 모든
생명체에게 기본이 되는 필요한 감정이라서 아예 없애는 건 불가
능하다. 불안과 공포에서 벗어나는 방법은 그것으로 힘들지 않도
록 마음의 힘, 즉 내성을 키우는 것뿐이다. 내성을 키우기 위해서
는 불안과 공포에 반복적으로 노출돼야 한다. 인간의 적응력은 매
우 뛰어나다. 그래서 불안한 상황이나 대상에 자주 노출되다 보면
자연스럽게 적응하게 되고, 불안과 공포에 대한 내성이 생겨난다.
　오염과 감염에 대한 불안도 마찬가지다. 계속 강박행동으로 도
망가 버리면 불안을 이겨낼 수 없다. 실제로 심리학자들이 강박
장애 치료를 위해 사용하는 대표적 방법은 노출 및 반응제지법
exposure and response prevention이다. 이는 두 절차로 이루어져 있다. 첫
째는 노출이고, 그 다음은 반응제지다. 노출이란 강박사고를 유발
하는 어떤 자극이나 대상을 경험하게 하거나, 과거의 끔찍했던 기

억을 떠올리게 하는 것이다. 정표의 경우라면 사람들의 손길이 많이 닿았던 손잡이나 휴지통을 만지거나, 아니면 토사물을 밟고 음식물 쓰레기를 뒤집어썼던 그날의 기억을 다시금 떠올리면 된다.

이런 상황에 노출되면 공포와 불안에 휩싸인다. 자동적으로 강박행동을 하고 싶은 마음이 올라온다. 이때 절대 손 씻기나 샤워 같은 강박행동으로 반응하지 말아야 한다. 불안과 공포에 압도되어 견디기 힘들 수 있다. 과호흡, 심박수 증가, 어지러움과 메스꺼움 등 극도의 신체적 증상이 나타날 수 있다. 또한 자신의 온몸에 세균이 돌아다니거나 정체불명의 바이러스에 감염되었을지도 모른다는 생각에 압도되는 심리적 증상도 나타날 수 있다. 강박행동을 통해 불안으로부터 도망가고 싶은 충동이 강하게 들겠지만, 강박행동을 멈추고 참으면 시간이 지나면서 아주 천천히 불안과 공포로부터 벗어나게 된다. 자신의 생존을 위협하는 대상이나 상황 앞에서 불안을 1시간 이상 느끼는 건 정말 쉬운 일이 아니다. 그래서 혼자 시도해보는 게 어렵다면 전문가의 도움을 받는 것도 좋은 선택이다.

"저보고 그 상황을 다시 겪으라고요? 전 죽어도 못해요. 제가 얼마나 힘든지 선생님은 이해 못하시는 거예요!"

"아니, 불안을 이겨내기 위해서 불안을 마주하고, 강박행동을 하지 말라고요? 저는 그 방법을 도저히 이해할 수도, 받아들일 수도 없어요!"

　상담실에서 노출 및 반응제지법을 설명하면 첫 반응은 대부분 비슷하다. 충격과 놀람, 거부와 반대뿐이다. 자신이 그토록 피하기 위해서 발버둥친 그 상황을 마주해야 벗어날 수 있다니, 이해하기 어려워한다. 그러나 지금까지 아무리 강박행동을 해도 그 기억에서 자유로워지지 않았고, 오히려 증상이 더 심해졌다는 사실을 이해시키면, 그리고 또 불안은 없애는 것이 아니라 견디는 힘을 키우는 거라고 말해주면, 그제야 도전해보겠다고 한다.

　노출 및 반응제지법은 그 원리가 단순하고 분명해서 굳이 심리학자의 도움을 받지 않고 혼자서도 할 수 있다. 이것을 해보려면 먼저 어떻게 노출할지 정해보자. 방 안에 있는 휴지통, 공중화장실의 수도꼭지, 다중이용 시설 출입문의 손잡이, 버스나 지하철의 손잡이 등, 오염될까 두려운 상황으로 들어가보자. 호랑이를 잡으려면 호랑이 굴로 들어가야 한다. 만약 실제 물건에 손을 대는 것보다 오염과 감염의 두려움을 촉발시켰던 사건의 기억이 자신을 더 힘들게 한다면, 처음부터 오염의 상황에 노출되려 하지 말고 그때의 기억을 떠올리는 것부터 해도 된다.

　막상 같은 상황에 노출하면 불안이 엄습해오기 시작할 것이다. 호랑이를 잡으러 굴로 들어가는 것까지는 어떻게 시도해봤지만, 호랑이가 으르렁거리면서 자신을 향해 달려오는 것만 같아서 당장이라도 굴 밖으로 도망가고 싶을 수 있다. 화장실로 달려가 늘 그랬듯이 손 씻기나 샤워 의식을 치르고 싶을 수 있다. 하지만 견뎌야 한다. 정말 쉽지 않지만, 견뎌 보면 강박행동을 하지 않아도 아무 일이 일어나지 않는다는 걸 경험하게 될 것이다.

만약 혼자 해보는 것이 너무 힘들고 어렵다면, 가족이나 친구, 애인 등 믿을 만한 사람에게 도움을 요청하자. 호랑이 굴에 같이 들어가자고, 자신과 함께 해달라고 말해보자. 두려움을 견디지 못하고 불안해져서 강박행동을 하려고 하면 막아달라고 상대에게 부탁하거나, 아니면 오염과 감염이 의심되는 상황에 자신과 함께 노출되어달라고 부탁하자. 다른 사람과 함께하는 것은 여러 면에서 효과가 있다. 먼저, 노출 후에 불안한 상황이 감지될 때 다른 사람과 이야기하다 보면 다른 곳으로 주의를 돌릴 수 있다. 뿐만 아니라 상대가 오염에 노출되었는데도 편안해보이거나 불안을 잘 견디는 것처럼 보이면 그 모습이 자신에게 모델링^{modeling}의 기회가 된다.

모델링이란 다른 사람이 특정 상황에서 하는 행동을 관찰하고 기억했다가 따라하는 것인데, 다른 말로는 모방^{imitating} 혹은 사회학습^{social learning}이라고도 한다. 모델링은 인간의 가장 기본적인 학습 방법 중의 하나다. 아이들은 어린 시절엔 부모나 형제의 행동을 관찰하고 기억했다가 같은 상황이 닥치면 부모나 형제와 비슷한 행동을 보인다. 가령, 엄마가 어린 동생을 돌보는 것을 보았다면 인형을 가지고 놀 때 아기를 다루는 듯이 행동한다. 손위 형제가 책을 읽으면 동생은 글자를 못 읽더라도 책을 가져와서 보는 흉내를 낸다. 심지어 책을 거꾸로 들고서 말이다.

반대로, 모델링은 강박장애의 발병에도 영향을 미친다. 실제로 오염과 감염에 대한 불안 때문에 과도하게 씻는 행동을 하는 경우에 부모나 형제, 혹은 가까운 사람 중에 청결을 중요시하는 사람을 보고 모델링했을 수 있다. 감염병 확진자 수와 사망자 수, 그리고 감염 경로가 매일 보도되는 뉴스와 기사 역시 모델링의 효과를 초래한다. 즉, 모델링은 강박장애를 극복하는 과정에서 중요한 역할을 할 수 있을 뿐 아니라, 강박장애의 발병에도 영향을 미친다.

강박행위를 없애기 위해 노출 및 반응제지법을 한다고 해도 그날의 끔찍한 기억이 지워지지는 않는다. 다만, 그 기억으로 인해 유발되는 불안과 공포를 견딜 수 있게 된다. 이 과정을 반복하다 보면 사람들이 일반적으로 받아들일 수 있는 수준의 오염과 감염 정도는 신경 쓰지 않고 살아갈 수 있게 된다.

독특한
성격 때문이 아니다 ◆

　　강박장애로 고통받고 있는 사람들에게 마지막 남은 장애물이 하나 더 있다. 그것은 자신이 걱정하는 일이 실제로 일어날 것이라는 잘못된 믿음을 이겨내는 것이다. 정표는 강박장애가 심해질수록 자신이 정체 모를 세균과 바이러스로 인해 죽을 수도 있다고 믿기 시작했다. 정말 그럴까? 가능성을 하나하나 따져보자.

　대부분의 경우에 토사물을 밟거나 음식물 쓰레기를 뒤집어쓰더라도, 코로나19 같은 팬데믹 상황이 아니라면 다중이용 시설의 물건을 만졌다고 병에 걸리거나 죽을 확률은 아주 적다. 오히려 아무 일도 일어나지 않을 가능성이 더 크다. 길에 무차별적으로 흩뿌려진 토사물을 자기도 모르게 밟는 건 흔한 일이다. 직업으로 음식물 쓰레기를 만지거나 그것을 처리하는 사람들도 있는데, 그들을 다 고위험군의 직업이라고 말하진 않는다. 다중이용 시설의 물건을 만진 후, 아무 생각 없이 얼굴에 손을 대거나 더러운 손으로 음식을 집어 먹게 되는 상황도 셀 수 없을 정도로 많다. 하지만 대부분의 사람은 별로 걱정하지 않는다. 생명을 위협할 만한 별일이 일어나지 않기 때문이다.

　물론 세균이나 바이러스로 병에 걸릴 가능성은 분명히 적게라

내가 오염될 것 같아요

도 존재한다. 하지만 만약 병에 걸린다고 해도 바로 죽지는 않는다. 열이 나고 몸이 아파 병원에 가면 얼마든지 치료를 받을 수 있다. 코로나19처럼 치료약이 없는 정체 모를 바이러스에 감염되더라도 전문가의 도움을 받을 수 있다. 코로나19 확진자 모두가 죽음을 맞이하는 건 아니다. 물론 감염병이 전 세계적으로 유행하는 상황에선 감염병 진문가의 조언에 따리 조심하는 건 좋지만, 하루하루 공포에 휩싸여서 매사에 두려움을 안고 살아갈 필요까진 없다는 거다.

지저분한 물건을 만졌을 때 죽을 가능성이 아주 희박하다는 이러한 객관적인 사실 앞에서도 사람들이 비이성적으로 행동하는 이유는 불안 때문이다. 불안할 때 사람들은 자료를 편향적으로 수집한다. 일례로 비행기 사고가 나면 불안이 높은 사람들은 예매한 비행기 티켓을 취소한다. 비행기 사고가 자신에게도 일어날지 모른다고 판단하기 때문이다. 그러고는 고속도로를 이용해 자동차를 타고 이동한다. 이것이 과연 합리적인 선택일까? 미국의 교통 당국에 따르면 비행기 사고를 당해 죽을 확률은 0.0009퍼센트이고, 자동차 사고로 죽을 확률은 0.03퍼센트라고 한다. 무려 자동차 사고 사망 확률이 비행기 사고 사망 확률보다 30배 이상 높다. 그런데도 뉴스로 접한 비행기 사고에 대한 두려움 때문에 보다 안전한 교통수단을 버리고 더 위험한 교통수단을 선택하는 아이러니한 상황이 발생한다.

이처럼 주먹구구식으로 또는 감정적으로 하는 의사 결정과 판단 오류를 심리학에서는 '발견법heuristics'이라고 하고, 합리적이고 논리적인 판단을 '연산법algorithm'이라고 한다. 강박행동은 일종의 발견법인 셈이다. 강박행동을 벗어나려면 연산법적으로 사고해야 한다.

정표처럼 강박장애로 고통받는 사람들은 세상의 모든 세균으로부터 벗어나고 싶다 말한다. 아예 무균실에서 살고 싶다고 말하는 사람들도 있다. 하지만 세균과 바이러스는 무조건 나쁘고 위험한 존재가 아니다. 가령, 보통 성인의 경우엔 장 속에 150~400여 종의 세균이 살고 있는데, 대부분이 대장에 살고 있으며, 그 수가 100조 개를 넘는다. 그 중에서도 우리가 가장 많이 알고 있는 세균은 대장균이다. 그런데 놀랍게도 이 대장균은 해로운 세균들이 대장에 들어와도 자리를 차지하지 못하도록 하는 역할을 한다고 알려져 있다. 또한 음식물을 분해해 에너지로 사용하게 할 뿐더러 인간에게 필요한 비타민 K, 비타민 B5, 비타민 B7을 만든다. 이런 비타민들을 음식으로 섭취하지 않아도 결핍증이 생기지 않는 이유가 이 때문이다. 우리에게 병을 일으키는 세균도 있지만, 도움이 되는 세균도 있는 거다. 따라서 인간은 세균과 공생의 관계라고 할 수 있다.

게다가 완치가 불가능한 각종 알레르기 역시 위생 상태가 좋지 않은 환경에서 사는 사람들보다 위생 상태가 좋은 곳에서 사는 사람들에게 더 빈번하게 발생한다는 과학적 소견도 있다. 이를 위생가설이라고 한다. 다시 말해 알레르기의 증가 원인이 너무 청결한 위생 상태에서 생활하는 탓이라는 말이다.

지나친 청결이 문제가 되는 이유는 우리 몸의 면역력을 약화시키기 때문이다. 조금 지저분한 환경에서 생활할 경우 우리 몸은 건강을 유지하기 위해 면역력을 더 강화하지만, 깨끗한 환경에서는 굳이 그럴 필요가 없어지다 보니, 약해진 면역력은 결국 알레르기에 더 취약하게 만든다. 지나친 청결 유지는 득이 아닌 독이 되는 셈이다. 깨끗하기 위해 철저하게 애쓰지 않아도 위험한 일이 일어나지 않는다는 걸 반복적으로 경험하다 보면 불안에서 벗어날 수 있을 것이다.

강박은 누구에게나 조금씩은 있는 증상이다. 하지만 그 증상으로 인해 일상생활이 어려워지거나 주변을 힘들게 한다면 강박장애를 의심해봐야 한다. 특히 스트레스 상황에서는 강박이 더 강화되고 증상이 점차 심각질 수 있다. 만약 강박증을 독특한 성격 때문이라고 치부하고 제대로 된 도움을 받지 않으면, 만성으로 진행되는 경우들이 생긴다. 장기적으로 고통받지 않으려면, 빠른 진단과 상담이 중요하다는 걸 기억해야 한다.

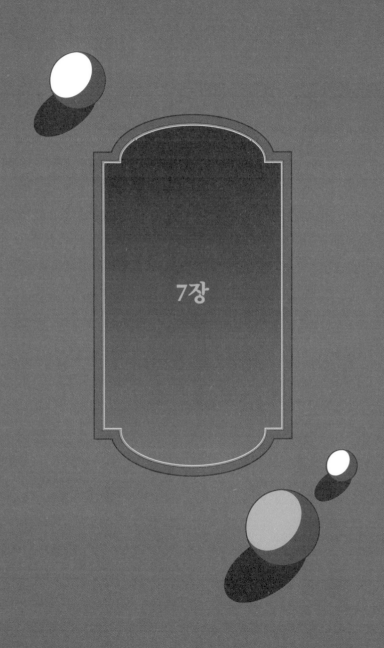

7장

누군가 나를
조종해요
_가스라이팅

그·날·의 기·억

"출근하다 교통사고나 나버리면 좋겠어…."

20대 후반의 출판편집자 민서는 기상 시간을 알리는 알람을 끄면서 자신도 모르게 혼잣말을 중얼거렸다.

"오늘 기획회의는 또 어쩌지… 팀장님이 아파서 출근 안하시면 좋겠는데… 아, 정말 오늘 출근하기 싫다…."

대학 졸업 후 출판학교를 거쳐 출판사에 편집자로 취직한 민서는 3년차 대리다. 주변 친구들은 얼마 전에 대리로 승진한 민서를 능력자라고 추켜세웠다. 민서가 자신은 능력자가 아니라고, 직급만 대리

일 뿐이지 여전히 회사에서 가장 막내라고 아무리 말해도 친구들은 그래도 일을 잘하니 대표가 대리 직급도 주는 것 아니겠냐면서 축하해 주었다. 민서는 더 이상 말하기 싫어서 입을 다물었다.

사실, 대리로 승진한 건 대표님의 신뢰가 바탕이 된 게 맞다. 얼마 전 기획해서 만든 책이 베스트셀러에 진입했던 것이다. 대표는 그동안 인재를 몰라봤다고 칭찬하며 월급도 올려주었다. 민서는 그동안 고생한 걸 하늘이 알아주는구나 싶어서 좋았다. 하지만 그 이후로 편집부 팀장님의 지나친 참견과 괴롭힘이 시작되었다. 절정은 기획회의였다. 민서가 내놓는 기획서마다 작가가 별로라느니, 콘셉트가 이게 뭐냐, 대리가 됐으면 좀 더 판매에 도움될 만한 기획을 해야 하는 거 아니냐 하면서 한숨을 푹푹 쉬며 인상을 잔뜩 구겨 회의 분위기를 꽁꽁 얼어붙게 만들곤 했다. "시간 아까우니까 이건 그냥 넘어가자" 하면서 민서의 기획서는 언급조차 하지 않고 덮어버린 적도 있었다. 그나마 그런 날은 괜찮은 거였다. 적어도 "월급 아깝다"는 인신공격은 안 당했으니 말이다.

처음엔 회의 분위기를 좀 편하게 해주고자 중간에서 과장이 민서의 의견에 동조하거나 기획서를 칭찬하면서 애써주었다. 하지만 과장이 그럴수록 팀장이 더욱 열을 올리며 민서의 능력 부족을 언급하고 괴롭히는 시간만 길어지자, 최근엔 입을 다물고 조용히 모르는 척했다. 그래야 살벌한 기획회의 시간이 조금이라도 빠르게 종료되기 때문이었다.

213

사실 민서가 처음 입사할 때만 해도 대표를 제외하고는 5명이 일하는 작은 출판사였다. 대표가 기획, 편집, 마케팅에 직접 관여하지 않으면 안 될 정도로 인력도 부족했고, 해마다 줄어드는 매출 때문에 대표를 비롯해 모든 직원이 스트레스를 받는 상황이었다. 편집팀은 민서까지 총 3명이었다. 팀장은 출판업계에서 10년 이상 경력이 쌓인 베테랑이었다. 제법 큰 규모의 출판사에서 일을 오래 하다가 5년 전에 대표가 출판사를 만들 때 스카웃했다고 전해 들었다. 민서를 제외한 또 다른 팀원은 민서보다 불과 6개월 전에 입사한, 마찬가지로 초보인 사람이었다. 둘 다 편집 일이 처음이라 팀장은 자기 일도 하면서 동시에 두 사람에게 일을 가르치는 것 때문에 스트레스를 받고 있었다. 그래서 팀장이 가끔 과도하게 화를 낼 땐 좀 힘들긴 했지만, 또래 동료가 있다는 게 큰 위로가 되었다. 민서는 편집 실무를 능력 있는 사람에게 배운다는 게 마냥 좋았고, 팀장도 그녀에게 친절할 때가 많았기 때문에 회사 다니는 즐거움이 있었다.

　그러던 어느 날 팀장이 민서를 부르더니 함께 일했던 팀원이 사직서를 냈다고 알려주었다. 급여는 많지 않은데 일이 너무 많아서 힘들고, 또 출판 편집이 자신이랑 맞는 일이 아니었다면서 퇴사했다는 것이다. 그러면서 그 팀원이 했던 일을 팀장인 자기와 민서가 나눠서 맡아야 할 것 같다고 말했다. 민서는 너무 화가 났다. 아무리 작은 회사라 해도, 업무 인수인계도 하지 않고 이렇게 갑자기 나가버릴 수 있나 싶어서 당황스러웠다. 자신도 너무 힘들어서 퇴사를 고민하던 차라, 조금은 그 팀원의 마음을 이해할 수도 있었다. 하지만 업무가 늘어나 힘들게 된 건 사실이었다.

그렇게 몇 개월이 지났다. 야근은 일상이 되었다. 작가와의 소통, 디자이너와의 소통, 마케팅 팀장과의 의견 조율 등 어느 것 하나 쉽지 않았다. 하지만 무엇보다 민서를 힘들게 하는 건 대표의 신뢰가 높아질수록 팀장의 개입과 간섭이 심해지고, 민서가 일처리를 조금만 늦게 해도 인격모독에 가까운 막말을 해댄다는 점이었다. 어제만 해도 "너, 머리 나쁘다는 소리 많이 듣지?"라면서 민서를 후벼 팠던 입으로 다음날이면 아무 일도 없었던 것처럼 "좋은 아침!" 하면서 웃으며 인사하는 걸 볼 때면 구역질이 밀려올라오고, 밤새 잠 못 이루며 스스로를 질타했던 시간이 떠올라 혼란스러웠다.

인원 보강을 위해 새로 과장님이 입사한 이후로는 민서를 향한 팀장의 비난 강도가 더욱 심해졌다. 처음 출근한 과장에게 능력 없는 막내 민서를 가르치고 일 시키느라 본인이 얼마나 힘든지 모르겠다고, 첫인사 때 대놓고 말할 땐 정말이지 얼굴이 화끈거려서 제대로 자기소개조차 할 수 없었다.

이후로도 대표가 자리를 비울 때면 팀장은 사무실의 왕처럼 군림하며 사사건건 민서를 괴롭혔다. 부서장이라서 컨펌 받을 일이 매번 생기다 보니 욕설과 비꼬는 말, 그리고 차가운 눈빛을 피할 수 없었다. 회의 시간은 번번이 혼나는 자리가 되었고, 아침부터 시달리는 날에는 점심조차 먹을 수 없을 정도로 자존감이 바닥으로 내려갔다. 그런 날엔 여지없이 퇴근 시간이 가까워올 때쯤 한 통의 문자가 도착하곤 했다.

"민서야, 정말 많이 힘들지? 요즘 계속 야근도 하는데, 나도 민서가 편하다 보니까 가끔 함부로 대하는 것 같아 미안해. 조금 힘들어도 참아줘. 나도 징말 힘들어. 민서가 그래도 여기서 잘 버텨내야 회사도 성장하고, 본인도 편집자로서 실력을 키울 수 있어. 힘내줘. 조금 더 참아보자. 내일 봐."

민서는 팀장의 문자가 진심이라고 믿고 싶었다. 정말 나를 위해 그러는 거라고. 그리고 입사 초기 회식 자리에서 들었던, 대표와 팀장이 처음 출판계에 들어와서 고생할 때의 이야기를 떠올렸다. 두 분의 결론은 같았다. 힘든 시기를 포기하지 않고 버텨냈기 때문에 성장할 수 있었다는 것이었다. 민서도 그 말에 동의했다. 어느 분야든 고비는 찾아오게 마련이고, 이때 끝까지 버텨내는 사람만이 성공할 수 있다고 생각했기 때문이다.

그래서 민서는 다시 마음을 다잡고 열심히 일하기 시작했다. 하지만 반복되는 야근과 팀장의 질책으로 몸과 마음이 지쳐갔다. 잠도 제대로 못자고, 밥도 제대로 먹지 못했다. 얼마 전부터는 생리할 때가 아닌데도 계속 아래에서 피를 쏟았다. 못마땅하다는 듯 한숨을 쉬거나 노려보는 눈빛, 일그러뜨리는 표정이 생각날 때면 손이 벌벌 떨리고, 팀장에게 보고하기 위해 그 앞에 서야 할 때면 숨이 막힐 것처럼 호흡이 불안정했지만, 그렇다고 회사를 쉽게 그만둘 수도 없었다. 취업 준비생을 오랜 기간 거치면서 불안했던 그때로 되돌아가고 싶지 않았고, 팀장의 허락 없이 이직하려 했다가 걸리면 나중에 보복으로 다른 출판사에 취업하기 힘들어질까 봐 두렵기도 했다.

출근하는 것도, 퇴직하는 것도 모두 무서웠다. 가끔씩 친밀하게 대해주는 팀장의 모습과 문자 메시지가 소름끼치게 두려워서 아침마다 교통사고가 났으면 좋겠다고 생각하면서 출근하는 날이 많았다. 조금만 더 버티면, 일을 더 능숙하게 잘 해내면 팀장님도 예전처럼 나에게 친절하게 대해줄지도 모른다고 스스로를 다독이면서 말이다. 우울감과 무력감이 감정을 잠식할 때면 "너는 정신상태가 글러먹었어. 그렇게 나약해서 뭔 일을 한다고!"라며 소리 질렀던 팀장의 말을 떠올리곤 자책했다.

이렇게 아무런 선택도 하지 못한 채로 혼란을 겪고 있던 어느 날, 민서는 고등학교 동창인 예슬을 만나게 되었다. 예슬은 힘든 일이 있을 때 의지가 되는 절친이었다. 서로 같은 계통에 있지 않기 때문에 무슨 이야기길 해도 다른 사람에게 전달되지 않는다는 점이 마음 편했다. 예슬은 민서의 이야기를 한참 듣더니, 이렇게 말했다.

"민서야, 너 아무래도 가스라이팅당하고 있는 것 같은데…."
"뭐? 가스라이팅?"

누군가 나를 조종해요

생각을 조종하는
친밀한 학대 ◆

가스라이팅 혹은 '가스등 효과gaslight effect'란
누군가의 현실 판단력을 흐리게 하면서 심리적으로 조종해 지배
력을 행사하는 현상을 말한다. 가스등 효과를 하나의 개념으로 만
든 사람은 미국의 심리학자 로빈 스턴Robin Stern이다. 그녀는 심리
상담을 통해 사람들을 만나면서, 생각보다 많은 이들이 가족이나
배우자, 혹은 고용주로부터 분리되거나 독립하지 못한 채로 이용
당하고 있음을 알게 되었다.

그들이 이런 관계를 맺는 이유는 돈과 같은 현실적인 이유가
아니었다. 자신을 이용하려는 상대방의 생각에 스스로 동의하고
있기 때문이었다. 이들은 피해자임에도 자신을 가해자와 동일시
했다. 자신에게 고통을 초래하는 행동을 남이 거리낌없이 하는 걸
문제로 인식하지 못했다.

로빈 스턴이 이런 현상을 가스등 효과라고 이름 붙인 건 영화
〈가스등〉 때문이었다. 영화의 주인공 그레고리는 부유한 상속녀
폴라의 값비싼 보석을 훔치기 위해, 사랑을 가장해서 결혼한다.
폴라는 유명한 오페라 가수 앨리스의 조카였다. 앨리스는 살해되
었지만 범인은 잡지 못했고, 앨리스의 모든 재산은 폴라에게 상속
되었다. 그레고리는 앨리스의 소유였던 보석이 폴라에게 있을 것

이라 생각하고 접근한다. 그는 결혼 생활 동안 아내를 심리적으로 조종한다. 아내에게 스스로도 미쳐가고 있음을 인정하게 하려고 온갖 술수를 부린다. 로빈 스턴은 이처럼 누군가로부터 심리적 조종을 받아서 이용당하는 현상을 가스등 효과라고 했다.

가스등 효과는 대체로 친밀한 관계에서 발생한다. 상대를 조종하려는 사람은 "너를 위해서 이렇게 하자는 거야", "나를 좋아한다면서 이 정도도 못 해줘?"라며 은밀히 강요한다. 상대가 어떻게 생각하고 행동해야 할지를 결정해주고 이를 받아들이도록 강요하는데, 이 모든 게 결국 관계를 위한 것이거나 상대방을 위한 게 아니라 자신의 이득을 위한 강요다.

이처럼 상대의 마음을 조종해서 자신의 욕구를 채우려는 현상은 가스라이팅 외에도 여러 형태가 있다. 미성년자나 정서적으로 취약한 사람에게 다가가 친밀감과 신뢰를 쌓은 후에 성적으로 착취하거나 학대를 일삼는 그루밍grooming 성범죄가 대표적이다. 교사나 성직자처럼 사회적으로 바람직하다고 여겨지는 일을 하면서 학생이나 신도의 신망을 얻게 되는 사람들이 저지르곤 한다. 피해자들은 때로 피해를 인식하지 못한 채로 가해자를 두둔하면서, 그 사람이 자신을 진정으로 사랑했고 자신도 그 사람을 사랑했다고 말하기도 한다.

어떤 사건의 피해자가 가해자에게 애착을 느끼고 가해자의 입장을 두둔하는 스톡홀름 신드롬Stockholm syndrome도 가스라이팅과 유사하다. 스톡홀름 신드롬이란 1973년 스웨덴의 수도 스톡홀름에서 실제 발생했던 은행 강도 사건에서 유래한 심리 현상이다. 강도들이 은행에 인질을 잡아두고 경찰과 대치를 벌였다. 6일 만에 경찰은 강도들을 제압하고 인질을 모두 구조했다. 사건을 수사하는 과정에서 경찰은 인질로 잡혀 있었던 시민들과 면담했는데, 이들은 놀랍게도 강도들에 대해 인간적인 감정을 느끼며 우호적인 태도를 보였다. 뿐만 아니라 강도를 제압하고 자신들을 구해준 경찰에 대해서는 적대적인 감정까지 표현하는 모순적인 태도를 보였다고 한다.

사이비 종교 교주들에게 자신의 전 재산을 갖다 바치거나 성적으로 이용당하는 신도들도 모두 같은 맥락이다. 피해자들은 교주를 이상화하면서, 자신들은 이용당한 게 아니라 자원해서 한 일이라고 하면서 끝까지 교주를 옹호하는 입장을 보이기도 한다. 이런 현상은 자신을 공격하거나 이용하려는 상대와 정서적 친밀감을 느끼면서, 자신의 판단 대신 상대의 판단을 전적으로 믿고 따른다는 공통점이 있다.

어떤 사람들은 가스라이팅과 간호사 직업군에서 악습으로 불리는 태움이 같은 것이라고 생각한다. 물론 누군가를 괴롭게 한다는 점에서는 공통되지만, 분명한 차이가 있다. 가스라이팅은 상대를 교묘하게 속이고 혼란스럽게 하면서 심리적으로 조종하는 것이고, 태움은 업무를 핑계 삼아 노골적으로 상대를 괴롭히는 것이다. 태움을 당하는 대부분의 사람들은 상대에게 분노와 적개심을 느낀다. 그러나 가스라이팅을 당하는 사람들은 상대에 대한 분노나 적개심을 그 당시에는 느끼지 못한다.

다시 말해 태움을 당하는 사람들은 자신을 괴롭히는 사람을 가해자로 분명히 인식하지만, 가스라이팅을 당하는 사람들은 상대를 가해자로 잘 인식하지 못한다. 그런데 놀랍게도 태움이나 따돌림, 학대와 폭행처럼 누군가로부터 노골적으로 괴롭힘을 당하는 사람들 중에서도 가스라이팅 증상을 나타내는 사람들이 있다.

"제가 부족해서 태움을 당한 거예요."

"남편을 화나게 했으니, 저를 못살게 구는 거겠죠."

"부모님이 저를 때리긴 했지만, 저를 사랑해서 그런 거예요."

"친구들이 저를 괴롭힌 건 그 그룹에 포함시키기 위해서 통과의례로 그런 거예요."

매우 안타까운 일이다.

소화되지 않는
불편한 감정 ◆

　　몸과 마음이 지친 민서는 회사에서 일할 땐 열정을 불태우다가도, 집에만 돌아오면 마음이 너무 불편해졌다. 자신을 믿어주던 이전 팀장의 모습과 가끔씩 보내오는 따뜻한 말로 가득한 문자도 기억하지만, 불같이 화내며 인신공격의 말을 퍼붓는 무서운 표정도 기억하기 때문이다. 민서의 마음은 소화되지 않는 기억으로 가득 차 너무 힘들었다. 민서는 친구를 붙잡고 울면서 이야기했다.

"힘들어서 무너질 것 같은데도 왜 그만두지 못하는지 나도 나를 잘 모르겠어. 날 믿어주는 대표님을 실망시키고 싶지 않고, 지금이 내가 성장할 수 있는 좋은 기회라는 것도 맞잖아. 나 도대체 어떻게 해야 해?"

이런 이야기를 들으면 어떤 사람들은 "그냥 벗어나라", "도망쳐라", "못하겠다고 말해라" 하고 조언한다. 안타깝게도 이런 일회성 조언은 도움이 되지 않는다. 이미 조종을 받고 있어서 그 어떤 생각에도 확신을 가질 수 없기 때문이다. 이것이 바로 가스라이팅을 당하고 있다는 증거다. 다시 말해 민서처럼 두 마음이 계속 충돌하면서 힘들고 불편하다면, 그래서 이러지도 못하고 저러지도 못하고 있다면 누군가로부터 가스라이팅을 당하고 있는 건 아닌지 의심해봐야 한다.

어떤 사람들은 말한다. 어차피 현대인들은 자신이 원하든 원하지 않든 이 사회가 주입하는 메시지의 영향으로 조종을 받고 있으니, 굳이 가스라이팅을 문제시할 필요가 있느냐고 말이다. 한편으로 일리 있는 말이다. 실제로 수많은 매체를 통해서 우리가 보고 들으면서 마음과 생각에 영향을 받는 메시지는 누군가에 의해 의도적으로 편집되고 각색된 게 맞다. 기업들은 CF를 통해 소비자들의 생각을 조종해서 물건을 구입하게끔 하고, 작가는 작품을 통해 독자들에게 메시지를 전달한다. 음악이나 영화를 만드는 창작자들 역시 마찬가지다. 심리 상담 역시 상담자가 내담자의 생각을 바꾸려는 시도라고 할 수 있을지도 모른다.

하지만 이것들과 가스라이팅은 분명한 차이가 있다. 그 메시지를 스스로 선택하느냐 그렇지 않으냐의 차이다. CF를 보는 것이나 작품을 읽는 것, 음악이나 영화를 선택하는 것, 심리 상담을 받는 것은 모두 스스로 선택하는 것이다. 스스로 선택하는 것이 중요한 이유는 우리의 마음 때문이다.

심리학자들은 오래전부터 인간에겐 자신의 삶을 스스로 만들어가려는 경향이 있음을 이야기했다. 다시 말해 누군가가 제시하는 삶이 아니라 스스로 원하는 삶을 살고자 한다는 것이다. 이를 가리켜 '자기실현self-actualization'이라고 한다. 인간뿐 아니라 모든 생명체는 누가 시키지 않아도, 누군가로부터 삶의 방식을 배우지 않아도 잘 살아간다.

심리학자 칼 로저스Carl Rogers는 자기실현의 구체적인 방법으로 유기체적 평가 과정organismic valuing process을 제시한다. 유기체적 평가 과정이란 유기체, 즉 모든 생명체는 자신의 경험을 스스로 평가할 수 있는 내적 기준이 있다는 뜻이다. 외부의 잣대나 기준이 아니라, 자신의 마음이 가는 대로 평가한다는 것이다. 그래서 어떤 경험이 자신에게 유익하다고 느끼면 지속하고, 만약 무익하거나 해가 된다고 느끼면 그만두거나 멀리한다. 간단명료한 이 원리는 모든 생명체에게 해당한다. 하늘의 새도, 바다의 물고기도, 땅의 식물도 그렇다. 누구에게 배우지 않아도, 학교를 다니며 공부를 하지 않아도, 부모에게 잔소리를 듣지 않아도 자신의 경험을 스스로 판단하면서 타고난 자신들의 모습대로 살아간다.

가스라이팅이냐 아니냐를 구분하는 기준은 자발성이다. 그 메시지를 스스로 판단해보니 좋다고 느껴지고, 그래서 적극적으로 메시지를 받아들여서 자신의 생각을 바꾸기로 결정했다면 가스라이팅은 아니다. 이럴 경우엔 내적 혼란과 갈등이 없다. 메시지 때문에 과거나 현재의 사건이 기억나서 감정적으로 힘들거나 하지 않는다.

하지만 누군가에 의해 일방적으로 주입된 메시지는 스스로 선택하지도 않았을 뿐더러, 자신만의 기준으로 판단할 수 없기 때문에 내적 혼란을 초래한다. 이때 마음은 자동적으로 그 메시지를 거부한다. 그래서 과거의 기억이나 현재의 기억이 자극되고, 그로 인해 우울감과 죄책감, 불안과 분노라는 감정을 경험하게 되는 것이다.

우리 삶에 가장 중요한 건 사회 규범이나 타인의 기준이 아니라, 자신의 감정이다. 아무리 소중한 부모나 형제자매, 배우자나 자녀일지라도 일방적으로 자신의 생각을 타인에게 강요하고, 자신의 뜻대로 타인을 조종하는 것은 옳지 않다. 자신을 잘 챙겨주었던 스승이나 선배, 혹은 직장에서의 선임일지라도 말이다. 그런데도 흔히 이렇게들 말한다.

"어쩌겠어요. 가족이니까 참아야죠."
"저에게 잘해주신 분이에요. 저를 이용할 리 없어요. 무슨 이유가 있겠죠."

가스라이팅은 가족이나 연인, 그리고 친밀한 관계일수록 발생 빈도가 높다. 내가 대상과 가까울수록 상대를 믿을 가능성이 크기 때문이다. 사랑하는 사람을 의심하는 대신에 스스로를 믿지 못했던 영화 〈가스등〉의 폴라처럼 말이다. 피해자는 자신의 생각을 끊임없이 의심하면서 가해자에게 정신적으로 의존하게 되는데, 이 과정은 오랜 시간에 걸쳐 천천히 일어나는 경우가 많기 때문에 처음엔 인지를 못하기도 한다.

누군가와 잘 지내기 위해서는 혼자만 노력하고 희생해선 불가능하다. 혼자 참고 견딘다고 될 일이 아니다. 상대가 나의 영역을 침범해서, 자신의 이익을 위해 나를 조종하려고 한다면 그 관계는 반드시 깨버려야 한다. 이것을 알아차리려면 자신의 마음을 잘 살펴보는 게 중요하다. 소화되지 않은 일이 계속 기억나면서 불편한 감정을 느끼고 있다면 가스라이팅인지 의심해봐야 한다.

누구라도
피해자가 될 수 있다 ◆

심리학자들은 가스라이팅처럼 타인을 이용하고 조종하려는 사람들의 특징적인 이유를 성격에서 찾는다. 다시 말해 비정상적인 성격, 즉 성격장애를 가진 사람이 가스라이팅을 한다는 것이다. 성격장애란 자신과 세상을 바라보는 인식이 왜곡되어 있고, 감정적으로 불안정하며, 무엇보다 대인관계에서 반복적으로 문제를 일으키는 성격을 의미한다. 여러 종류의 성격장애가 있지만 그 중에서도 가스라이팅을 하는 사람들은 자기애성 성격장애일 가능성이 있다.

자기애성 성격은 나르시시스트, 가볍게는 왕자병 내지 공주병
이라고 표현한다. 이 때문에 사람들은 자기애성 성격장애라고 하
면 스스로 잘난 척을 하면서 주변 사람들에게 인정과 칭찬을 요
구하는 정도를 말하는 줄 안다. 사실 이 정도라면 자기애성 성격
장애가 아니라, 그냥 관심과 인정을 받고 싶어 하는 지극히 평범
한 사람이다.

진짜 자기애성 성격장애의 특징은 공감 능력의 결여와 자신의
목적을 위해 타인을 착취하는 것이다. 스스로를 특별하다고 생각
하기 때문에 평범한 사람들과는 정상적으로 어울리지 않는다. 사
회 고위층이나 연예인, 운동선수, 그리고 경제적으로 부유한 사람
들처럼 소위 특별한 사람들과만 교류하려고 한다. 평범한 사람을
만나면 건방지고 오만한 태도로 일관한다. 가끔 뉴스를 통해서 백
화점이나 마트 직원, 주유소 직원에게 폭행과 폭언을 하는 사람들
이 일으킨 사건이 보도된다. 그들이 말하는 폭행과 폭언의 이유는
자신에게 깍듯이 대하지 않았다거나 친절하게 안내하지 않기
때문이다. 마치 상전이 하인을 부리듯 대한다. 이처럼 자신의 이
익을 위해서 착취하고 이용하는 사람, 상대의 고통에 공감 못하는
성격의 사람들이 가스라이팅을 한다고 할 수 있다.

가스라이팅을 가하는 사람에게 성격적 이유가 있다면, 그것을
당하는 사람에게도 성격적 이유가 있을까? 어느 정도는 존재한
다. 타인에게 쉽게 의지하고 싶어 하는 사람이 가스라이팅을 당하

기 쉽다. 그러나 서양과 달리 우리나라 사람들은 어린 시절부터 타인과 잘 지내야 하고, 내가 조금 손해를 보더라도 타인과 잘 어울려야 한다는 교육을 받고 자란다. 이 때문에 심각할 정도로 타인에게 의존하는 성격이 아니더라도 타인에게 맞추려는 경향성이 조금씩은 다 있다. 다시 말해 우리 누구나 가스라이팅의 피해자가 될 수 있다는 것이다.

가스라이팅은 심리적 조종술이다. 영화 〈가스등〉에서 그레고리는 아내 폴라로부터 보석을 빼앗기 위해 여러 방법으로 아내가 스스로를 의심하고, 자신이 미쳐가는 것 같다고 인정하게끔 만든다. 그 중의 하나가 가스등을 켜는 것^{가스라이팅}이다.

그레고리는 다락방에 있는 보석을 찾기 위해, 아내 몰래 다락방으로 가서 가스등을 켠다. 다락방에서 가스등을 켜면 아래층의 가스등 불빛이 약해진다. 아내는 하인에게 누가 다른 곳의 불을 켰냐고 물었고, 하인은 아니라고 대답한다. 남편도 하인의 말에 동조하면서 아내를 이상하게 여긴다. 이런 일이 반복되자 아내도 스스로가 이상해진 것 같다고 인정한다. 또 다락방에서 보석을 찾는 남편의 발소리를 듣고 아내는 누군가 다락방에 있다고 생각한다. 그래서 다락방에서 돌아온 남편에게 아내는 발소리를 들었다고 이야기했는데, 남편은 아내에게 다락방에 올라간 사람이 없다면서 환청을 듣는 것이 틀림없다고 말한다. 그러면 아내는 또 그런 것 같다고 남편의 말을 인정한다.

폴라처럼 사람들은 타인의 의견을 적극적으로 따르는 경향이 있는데, 이를 잘 보여주는 실험이 있다. 심리학자 셰리프 Muzafer Sherif 는 자동운동현상 autokinetic phenomenon 을 이용하여 한 가지 실험을 진행했다. 자동운동이란 빛이 전혀 들어오지 않은 완벽한 암흑에서는 정지해 있는 불빛이 움직이는 것처럼 보이는 현상으로, 우리의 안구가 미세하게 움직이고 있기 때문에 나타나는 일종의 착시다. 그는 참가자들에게 캄캄한 실험실에서 불빛이 움직이는지, 움직인다면 과연 얼마나 움직였는지를 판단해보라고 과제를 주었다. 처음에는 참가자들을 한 명씩 불러서 혼자 판단하게 하였더니 1~10인치 범위에서 대답을 했다. 그 다음 날에는 참가자들을 같은 공간에 불러모아놓고 다시 실험을 했다. 참가자들은 다른 사람들의 대답을 듣자, 자신의 판단을 타인과 비슷하게 바꾸기 시작했다. 모호한 자극에 대해서는 스스로의 판단에 확신을 가질 수 없기 때문이다.

실제로 우리의 일상에서도 이와 비슷한 일들이 많다. 갑자기 어디선가 '쿵' 하는 소리가 들렸을 때, 자신이 잘못 들은 것인지 아닌지 확인하기 위해 주변 사람들에게 묻는다. 그때 주변 사람들이 "난 못 들었는데?"라고 말하면 '내가 잘못 들었나…' 하고 넘긴다. 이처럼 우리는 애매한 상황에서 타인의 의견에 영향을 받는다.

그렇다면 민서의 경우를 자세히 살펴보자. 엄밀히 말해 상황 자체가 애매하지는 않지만, 고려해야 할 사항이 많은 것은 사실이

229

다. 갑자기 일이 많아졌다. 아무리 열심히 일해도 인정보다는 비난과 질책을 많이 받는다. 감당하기 어려울 정도로 몸과 마음이 힘든 상황이다. 그러나 퇴사해버리면 자신을 믿어준 대표와 팀장을 배신하는 것일 수 있다. 그리고 지금의 상황을 견뎌내지 못하면 정신이 나약하다는 말을 들을 것이다. 일을 계속해야 할까, 아니면 그만 두어야 할까, 또는 무엇이 옳은지 그른지 스스로 판단하기 쉽지 않다는 점에서 가스라이팅이라고 말하기엔 모호한 상황이라고 할 수 있을 것이다. 어떤 사람은 일개 직원이 회사에 대해 이 정도로 지나친 책임감을 가질 필요는 없다고 잘라 말할 수 있다. 또한 누가 봐도 팀장이 민서의 심리를 지배하는 것이기 때문에 가스라이팅인지 아닌지 판단하기 모호한 상황이 아니라고 할 수도 있다. 그런데 놀랍게도 우리가 타인의 영향을 받는 것은 모호한 상황에서만 일어나는 게 아니다. 옳고 그름이 분명한 상황에서도 타인의 영향력은 강력하다.

심리학자 애쉬^{Solomon Asch}는 셰리프의 실험에서 한 발 더 나아갔다. 그림판에 그려진 한 선분을 보여주고, 보기로 제시되는 세 종류의 선분 중에서 어느 것과 동일한지 대답하게 했다. 세 선분 길이의 차이는 분명했기 때문에, 누구라도 정답을 말할 수 있는 아주 쉬운 문제였다. 사실 이 실험의 참가자들 중 1명을 제외한 나머지 사람들은 모두 실험 협조자들이었다. 애쉬는 이들에게 오답을 말해달라는 부탁을 했다. 진짜 참가자가 타인의 틀린 반응을 따라하는지, 아니면 자신의 신념을 고수하는지 알아보기 위한 실험이었다. 가짜 참가자들은 모두 부탁받은 대로 오답을 말했다. 마지막으로 대답해야 하는 진짜 참가자는 뭐라고 말했을까? 총 123명의 진짜 참가자 중 94명, 즉 76퍼센트가 적어도 한 번 이상 다른 사람들의 오답에 동조했다. 전체 횟수로 따지면 123명 각각에 12회씩 총 1,476회 응답에서 36.8퍼센트가 오답이었다.

무엇이 옳고 그른지 분명한 상황에서도 타인의 의견을 무시할 수 없다는 게 증명된 거다. 성격과 상관없이 누구라도 그렇다. 간혹 가스라이팅을 당한 사람들은 자신에게도 문제가 있을 거라는 생각에 자책하면서 괴로워하지만, 위의 실험에서도 알 수 있듯이 그 누구라도 특정 상황에서는 타인에게 영향을 받을 수밖에 없다. 우리 누구라도 가스라이팅의 피해자가 될 수 있다. 결코 자신의 잘못이 아니다.

심리적 지배에서
벗어나는 법 ◆

가스라이팅을 당하는 사람들은 혼란스럽고 불편한 감정을 계속 느끼게 된다. 자신이 원하는 것과 상대가 원하는 것을 혼동하면서 생기는 자연스러운 현상이다. 이런 기분을 반복적으로 느끼게 된다면 가스라이팅을 당하고 있는 상황인지 본격적으로 확인해봐야 한다. 다음의 몇 가지를 기준으로 삼으면 된다.

우선 자신이 하고 있는 행동이 누구를 위한 것인지 생각해보자. 자신을 위한 일인지, 상대를 위한 일인지 말이다. 물론 상대도 이득이 되고 자신에게도 이득이 되는 일이라고 판단이 든다면, 누구의 이익이 더 큰지를 따져보자. 그래서 자신의 이익보다 상대의 이익이 더 크다면 가스라이팅일 가능성이 높다.

그런데 문제가 있다. 우리의 현실에서는 자신의 이익과 상대의 이익이 동시에 존재하고, 또한 누구의 이익이 더 큰지 따져보기 쉽지 않은 경우가 많다는 거다. 게다가 가스라이팅을 하는 상대는 지속적으로 당신에게 "이건 너를 위한 일이야"라고 말하기 때문에 제대로 된 판단을 하기가 참 어렵다. 민서의 경우가 그랬다. 그녀의 업무 능력을 무시하는 발언을 아무렇지도 않게 하고 감정적으로 힘들게 하면서, 지금의 상황을 감당하는 건 회사를 위한 일이기도 하지만 민서의 전문성을 키우기 위해서라고 이야기했다. 일부는 맞는 말이다. 어떤 분야든지 전문가가 되려면 혹독한 과정을 견뎌내야 하는 건 맞다. 이처럼 대부분의 상황은 누구의 이익이 더 큰지 구분하기 어려운 경우가 많다.

그렇다면 두 번째 기준으로 따져봐야 한다. 시간과 장소, 사람이다. 나의 이익을 추구하기 위한 노력과 고생이 과연 '지금'이어야만 하는지, 또 '그곳'이어야 하는지, 반드시 '그 사람'이어야 하는지를 자문해보자. 자신이 지금과 그곳, 그 사람을 선택했다면 가스라이팅은 아니다. 하지만 자신의 선택이 아니라 타인의 선택이라면 가스라이팅일 수 있다. 이것은 앞서 언급한 자발성과 연결된다. 〈혐오스런 마츠코의 일생〉은 2006년에 제작된 일본 영화다. 이 영화의 명대사 중의 하나는 이것이다.

"나는 말이야, 이 사람과 함께라면 지옥이라도 갈 거야. 그게 내 행복이야."

마츠코의 친구 메구미는 남자에게 학대를 당하며 사는 마츠코에게 그 남자로부터 벗어나 새로운 삶을 살자고 설득한다. 이때 마츠코는 메구미의 제안을 단호하게 거절하면서, 자신이 원하는 것을 분명히 말한다. 마츠코는 시간과 장소, 사람을 선택한 셈이다.

영화를 보지 않았다면 마츠코의 이 말이 굉장히 이상하게 들릴 수 있다. 그러나 영화를 처음부터 끝까지 보면 마츠코의 심정을 이해할 수 있다. 그래서 마츠코의 일생이 전혀 혐오스럽지 않게 느껴진다. 그 선택이 슬프긴 해도 말이다. 가스라이팅도 다르지 않다. 자신이 스스로 선택한 거라면 가스라이팅이라고 할 수 없다.

이 두 가지 기준으로 판단해서 자신이 가스라이팅을 당하고 있음을 알아차렸다면, 뒤도 돌아보지 말고 관계를 끊어내야 한다. 친구라면 연락을 끊고, 연인이라면 잠수를 타도 좋다. 부부라면 이혼을 권하고, 부모나 형제 같은 가족이라도 연을 끊기를 추천한다.

가스라이팅이 시작된 지 얼마 되지 않았다면 혼자서도 대응이 가능할 수 있다. 그러나 만약 기간이 오래되었다면 혼자서는 상대와의 관계를 끊기가 어려울 것이다. 자신의 생각에 확신을 갖지 못하다 보니 상대가 자신에게 실망하거나 배신감을 느끼는 것에 대한 두려움이 앞설 수 있다. 또한 자신 때문에 상대가 입을 피해를 걱정하는 경우도 있다. 가스라이팅을 당하면 자신과 상대를 분리시켜서 생각할 수 없기에 그렇다. 이때는 반드시 누군가의 도움이 필요하다.

영화 〈가스등〉에서도 남편에게 가스라이팅을 당했던 폴라가 그 상황에서 벗어날 수 있었던 것은 런던 경시청의 브라이언 경위 덕분이었다. 브라이언은 자신이 좋아했던 오페라 가수 앨리스와 너무나 닮은 폴라를 우연히 보았다. 이때 폴라는 남편의 가스라이팅으로 이상 행동을 보였을 때였는데, 그는 폴라의 반응이 뭔가 이상하다는 느낌을 받고 접근을 시도한다. 초반에 폴라는 남편 그레고리가 외부인과 접촉하지 말라고 했기 때문에, 브라이언의 접근을 경계했다. 그러나 이모의 팬이라는 것을 확인하고는 브라이언과 소통하기 시작했고, 결국 브라이언은 사건의 진상을 추리해냈다. 그레고리가 보석을 훔치기 위해 앨리스를 죽였던 살인범이며 보석 때문에 폴라에게 가스라이팅을 가했다는 사실 말이다. 브라이언은 이를 폴라에게 알렸고, 그레고리를 체포했다. 그레고리는 마지막 순간까지 폴라를 조종해서 자신의 결박을 풀어달라고 조종을 시도했지만, 폴라는 더 이상 조종당하지 않았다.

브라이언의 도움이 없었다면 폴라는 남편의 가스라이팅에서 벗어날 수 없었을 것이다. 브라이언은 폴라에게 자신이 처한 상황을 객관적으로 볼 수 있도록 도와주었다. 한두 번의 조언과 충고로는 어렵다. 지속적인 도움이 필요하다. 예슬도 민서가 가스라이팅을 당하고 있음을 알게 된 그날 이후로 회사를 그만두라고 지속적으로 설득했다. 물론 민서는 예슬의 말에 수긍하면서도, 여전히 내적 갈등 상태에 있었다.

"예슬아, 내가 회사를 그만둘 수 있는 상황이 안 돼. 작업 중인 책이 4권이나 되는데 어떻게 그만두겠어. 게다가 팀장이 내가 도망가는 걸 알면 절대 가만두지 않을 거야."

"민서야, 넌 그 회사 대표가 아니야. 막내인 네가 그만두면 윗사람들이 알아서 하겠지. 새로운 직원을 구하거나 아니면 자신이 직접 일을 하든지."

예슬의 이야기에 민서는 고개를 끄덕였지만 여전히 죄책감과 불안감에 결단을 내리지 못했다. 옆에서 지켜보다 못한 예슬은 출판업계에 오래 종사하고 있는 사람을 수소문해서, 민서를 만나게 해주었다. 셋이 함께 만나 민서가 처한 상황에 대해 이야기를 나누었고, 그는 당장 그만두길 권했다. 그렇게 사람의 감정을 제멋대로 통솔하고 휘두르는 사람 옆에 있으면 좋은 책도 만들 수 없다며, 현재의 고통이 좋은 편집자가 되는 길과는 전혀 상관없는 거라면서 진심으로 퇴사를 권했다. 또한 현재의 경력으로도 충분히 괜찮은 회사에 입사할 수 있다며 실질적인 조언을 해주었다. 그리고 원한다면 직장 내 괴롭힘으로 신고할 수 있도록 상담받게 도와줄 수 있다고도 말했다.

결국 민서는 회사에 사직서를 내기로 결심했다. 민서는 그냥 문자로 퇴직을 통보하고 회사에 나가지 말까 생각도 해보았지만, 예슬은 민서에게 일한 만큼 월급과 퇴직금을 모두 받아야 한다며 당당하게 사직서를 내라고 말해주었다. 민서도 생각해 보니 이왕 이렇게 된 것 피하지 말고 마주하기로 결정했다.

민서의 사직서를 받아든 팀장은 무책임하다며 비난했다. 이 바닥에서 살아남지 못할 것이라고 협박조로 말하기도 했다. 그래도 민서가 뜻을 굽히지 않자, 갑자기 태도를 바꾸어 도와달라고 부탁했다. 일할 사람이 없는 걸 뻔히 알면서 어떻게 이럴 수 있냐고 하소연도 했다. 다행히 그 어떤 시도도 민서의 결정을 흔들지 못했다. 어떻게 해도 민서가 뜻을 굽히지 않자 팀장은 그제야 대표에게 사직서를 전달했다. 민서는 용기를 낸 덕분에 퇴직금도 정산받았고, 드디어 가스라이팅에서 벗어날 수 있었다.

달라진 행동이
기억을 치유한다 ◆

　　　　　퇴사한 민서는 모든 것이 좋았고, 즐거웠다. 걱정했던 것보다 순조롭게 해결되어 다행이라고 생각했다. 그런데 한 달 후에 팀장이 회사로부터 권고사직 당했다는 이야기를 듣게 되면서, 여러 가지 복잡한 감정이 들었다. 무엇보다 민서를 힘들게 만든 건 죄책감이었다. 민서가 퇴사한 이유를 과장으로부터 전달받은 대표가 내린 결정이었는데, 마치 자신 때문에 그렇게 된 것 같다는 생각이 들자 시원한 마음보다는 미안한 마음이 들었다.

　민서는 예슬을 만나 팀장의 퇴사 소식을 전하면서 그래도 아주 나쁘기만 한 사람은 아니라고 말했다. 예슬은 펄쩍 뛰면서 무슨 소리냐고, 말도 안 된다고 정정해 주었다. 구성원 간에 업무 조정도 제대로 못해서 야근을 수시로 하게 만들고 막말이나 하는 사람이 고소당하지 않은 것만으로도 감사한 줄 알아야 한다고 했다. 예슬과 이야기하면서 민서는 다시 중심을 잡을 수 있었다. 그리고 여전히 자신에게 가스라이팅의 흔적이 남아 있음을 알 수 있었다.

　후유증은 그 이후에 나타났다. 좋은 회사로 이직했지만 시간이 지나서면서 자신이 팀장에게 당했던 일들이 하나씩 떠오르면서 분노에 휩싸이기 시작했다. 일주일 내내 야근했는데도 인쇄소 일정에 맞춰야 한다면서 쉬는 주말에도 특근을 요구했던 일, 회의 시간에 여러 사람 앞에서 면박을 주었던 일, 편집자로서의 능력을 폄훼하며 작가들과 뒷담화했던 일, 월급이 아깝다며 할 줄 아는 것도 없이 자기 덕분에 대리가 되었다고 공격했던 일 등이 생각 났다. 직장을 옮겨 좋은 환경에서 좋은 사람들과 책을 만들면 그 기억이 모두 잊힐 줄 알았는데, 아니었다. 가끔씩 불쑥 그 기억이 떠오를 때면 화병이라도 난 것처럼 가슴이 답답해졌고 감정 컨트롤이 안 되었다. 아직 회복되지 못한 자존감으로 인해 기획회의가 다가오면 여전히 가슴이 뛰고 불안했다.

가스라이팅은 감정 폭력이다. 즉 피해자는 가해자로부터 일방적으로 폭력을 당한 것이기 때문에 당연히 데미지가 남는다. 어떤 이들은 이렇게 화가 났을 때 상대에게 연락해서 따지려고 한다. 하지만 과거의 기억 때문에 힘들다고 상대에게 직접 연락을 취하는 것은 좋은 선택이 아니다. 과거의 기억 때문에 분노의 감정이 사로잡힐 땐, 분노를 에너지로 삼아서 자신과 타인을 위해 바람직한 활동을 하는 것이 좋다. 이를 심리학에서는 승화sublimation라고 한다. 분노를 화火라고도 한다. 분노는 실제 불과 비슷한 특성이 있다. 불은 재산과 인명에 큰 피해를 주기도 하지만, 잘만 활용하면 우리의 삶을 안전하고 풍성하게 만들어준다. 분노 역시 어떻게 사용하느냐가 중요하다. 분노를 계속 억압만 하는 것도 좋지 않지만 무차별적으로 표현해서도 안 된다. 화가 났을 때, 그 감정을 에너지로 삼아 어떤 활동을 하는 것이 좋다.

오랜 시간 상담을 하다 보니 과거의 기억 때문에 힘들어 하는 사람들을 많이 만났다. 나는 그럴 때마다 과거의 기억을 잊기 위해 몸부림치지 말고, 오히려 마주하자고 말한다. 그리고 그 분노를 이용하자고 말한다. 예를 들어 가정폭력 경험이 있는 사람에게는 일정 기간 준비를 해서 가정폭력 자원 상담원으로 활동하자고 제안한다. 자신이 겪었던 고통과 비슷한 경험을 했던 사람들의 모임에 참여하거나 아니면 관련 기관에서 자원봉사를 하는 것도 권하는 방법이다. 인터넷 사용이 자유로운 사람들에게는 블로그를 개설해서 경험이나 해당 문제에 대한 지식과 정보를 공유하라고 추천하기도 한다.

자신의 기억을 외면하지 않고 마주하다 보면 기억으로 인해 생긴 심리적 고통이 점차 감소하게 된다. 특히 자신과 같은 고통을 겪고 있는 사람을 돕다 보면, 그 행위 자체가 과거 기억 속에 도움을 필요로 했던 자기 자신을 돕는 것 같은 느낌을 받는다.

우리의 현재는 언제나 과거와 연관되어 있다. 과거의 기억을 바꾸거나 지울 수는 없지만, 지금의 행동은 얼마든지 이전과 다를 수 있다. 많은 이들은 과거를 돌이킬 수 없다고만 생각하고 과거의 싫은 기억과 힘들었던 기억에서 벗어날 수 없다고 생각하지만, 아니다. 지금의 행동이 과거의 기억을 얼마든지 치유할 수 있다.

과거와 다르게 행동하는 건 과거의 고통스러운 기억을 수정하는 것이라 할 수 있다. 현재는 미래의 과거이기도 하다. 따라서 후회되는 과거와 다르게 결정하고 행동하면서, 현재의 삶을 더 풍성하게 사는 것이 중요하다. 과거에 얽매여 현재를 놓치게 되면, 우리는 또다시 과거의 상처받은 기억을 재생산하는 셈이 된다. 가장 중요한 건, 이전의 관계가 아니라 지금, 그리고 앞으로 내가 만날 사람과의 관계다.